인생에서 가장 아름다운 떨림
초록
담쟁이

인생에서 가장 아름다운 뜨락

초록
담쟁이

서로 같은 곳을 바라보면서 맺어진 인연은
힘든 역경이 찾아와도 견뎌낼 수 있고 다시 일어설 용기가 나며
가장 소중했던 추억들로 오래도록 남게 되는 것입니다.

소중한 _____ 님께

자연과 사람 사이

마음이 머무는 공간으로 '**초록담쟁이**'를 드리며

이 소중한 글 하나 하나가 튼튼한 씨앗이 되어

행복한 열매가 되기를 소망해봅니다.

_____ Dream

인생에서 가장 아름다운 비밀

초록담쟁이

이경주 지음

와이즈 브레인

인생에서 가장 아름다운 비밀은
삶은 우주의 질서에 맞추어 순리대로 흘러가고
우주의 질서는 소박하게 진행되고 있다는 것입니다.

인생은
자신을 기준으로 보면 거대합니다.
그러나 우주 질서 안에서 보면 작고 소박하다는 것이지요.
그렇다면 왜 인생은 순리대로 살아야 하는 것일까요?

인류가 대대손손 살아오면서
인생은 억지로 되는 것이 아님을 알게 된 것이지요.
순리를 거슬러 탐욕이나 욕심을 부리게 되면
인생은 금방 어긋나게 됩니다.

어긋난 인생을 두고 한편에서는
'왜 나한테만 그래'라며 화를 낼 수도 있지만
이 또한 보복이 아니라 바로 잡아주기 위한 것이랍니다.

지금 잡아주지 않으면 나중에는 무섭게 돌변해서
사회의 질서를 어지럽게 만드니까요.

그래서 우리가 가는
이 길 또한
순리대로 살아가며
우리 후손들이 만들어 갈 미래에
희망과 가능성을
심어 주어야 합니다.

자연과 사람 사이에
마음이 머무는 공간인 '초록담쟁이'를 올려 놓습니다.
한 편 한 편의 작고 소박한 글들이
현재를 살아가는 사람들의 인생에 있어서
교훈이 되고 지침이 되어 올바른 삶의 방향을 정하는데
도움이 되기를 바랍니다.

저자 **이경주**

목차 Contents

제3장 삶을 설계하다 희망과 만나다

제 1 장

자연을 따라가다
길을 묻다

혼탁한 물에서는
주변 정리를 통해서 맑음을 찾아주고
소용돌이 물에서는
밀고 당기며 내려가서 안정을 찾아주다가도
천지만물이 필요하다 싶으면
하늘 높이 올라가 구름이 되어
비를 내려주기도 합니다.

길

길을 걸어갈 때
아무 것도 두려워하거나 무서워하지 마십시오.

길을 걷다보면
혼자 걸어가는 길이 아님을 알게 될 것이기 때문입니다.

길을 돌아보면
혼자 걸어온 길이 아님을 알게 될 것이기 때문입니다.

난생처음 걸어간 길이지만
둘러보면 다함께 걸어가고 있는 길임을
알게 될 것이기 때문입니다.

초록담쟁이

자연과 더불어 욕심내지 않고
순리대로 삶을 변화해 가겠다면서 땅을 박차고 올라섰습니다.

처음에는 두렵고 무서웠습니다.
눈을 깜빡이자 묵묵히 앉아 옆을 지키고 있던 바위가
곁을 내주었습니다.

주변을 두리번거리자
수백 년을 지켜왔던 고목이 잡고 올라오라고 손짓을 했습니다.
그리고는 자신의 가지를 하나 떨어뜨려
옆 담벼락에 얹어 주었습니다.

너무 좋아 혼자 가기 아까웠습니다.
옆집 친구도 부르고 이웃집 어른들도 부르고
세상의 아이들도 불러 모아
점점 더 콘크리트 벽을 녹색 숲으로 만들었더니

세상 사람들은
우릴 뚝심 있고 의좋은 초록담쟁이라고 불렀습니다.

이렇게 좋은 줄 미처 몰랐습니다.
하늘을 우러러 한 점 부끄럽지 않기를 소망했고
땅을 굽어보아도 양심에 거리낄 만한 것이 없기를 다짐하면서
손을 잡아주고 밀어주고 끌어주면서
가보지 못해서 상상조차 하지 못했던
세상구경을 하고 말았습니다.

괴롭다고 주저앉지 마세요.
손 내밀어 잡아주는 가족의 따뜻함이 있잖아요.

힘들면 크게 소리 질러 보세요.
기댈 어깨를 빌려주는 든든한 친구가 있잖아요.

마음이 답답하면 두 팔을 벌려 보세요.
달려와서 포근히 감싸 안아줄 우리가 있잖아요.

너무 좋아 혼자 가기 아깝잖아요.
뚝심 있고 의좋은 초록담쟁이처럼 우리도 같이 가요.

바다

고요하고 잔잔합니다.
다만 파도가 일렁이는 이유는
압축과 팽창을 반복하며 숨을 쉬기 위한 것이지요.

평온하고 순수합니다.
다만 태풍이 부는 이유는
뜨거운 기온이 전향력에 의해 회전하면서
살기 위한 것이지요.

파도가
일렁인다고 투덜거리지만 마세요.
바다 깊은 곳의 물과 수면 위의 물이 서로 뒤섞여서
깨끗한 소금을 만들어 낼 수 있답니다.

태풍이
몰아친다고 나무라지만 마세요.

바다의 거친 바람과
육지의 혼탁한 공기가 서로 뒤섞여서
맑게 개인 푸른 하늘을 선물할 수 있답니다.

태풍의 눈으로
부각된다고 겁내지 마세요.
파도가 일렁이고 태풍이 몰아칠 때는 피하고 싶고 두렵지만
눈앞에 보이는 것보다는 태풍너머
희망의 땅을 볼 수 있는 힘이 있다면 괜찮습니다.

우리 삶이 그렇습니다.
파도가 일렁이고 태풍이 지나간 뒤
강해지고 성숙했음을 알게 되듯이
인간은 그 태풍을 뛰어 넘으라고 창조되었습니다.
그래서 뛰어 넘으려는 사람에게 있어
태풍은 더 강해지게 하는 바다일 뿐입니다.

옹달샘

옹달샘에서 툭 나와
스스로 움직여 다가와서는
뚫린 길에서는 흐르고
구덩이를 만나면 머물러 쉬다가
언덕을 만나면 넘쳐 흘러가서 이웃을 움직이게 합니다.

혼탁한 물에서는
주변 정리를 통해서 맑음을 찾아주고
소용돌이 물에서는
밀고 당기며 내려가서 안정을 찾아주다가도
천지만물이 필요하다 싶으면
하늘 높이 올라가
비를 내려주기도 합니다.

'정말 대단합니다.'
'무척 고맙고 많이 미안합니다.'

물을 선물 받은 천지만물은

마음을 다해 고맙고 미안하다고 인사하지만

물은 할 일을 했을 뿐이라면서

아무 일도 없었다는 듯이

인적이 드문 깊은 산속도 마다하지 않고

처음 자리로 돌아가서는

옹달샘이 불러줄 때까지 묵묵히 기다립니다.

주변 친구들에게

자랑도 하고 싶고 폼도 잡고 싶을텐데 말입니다.

지금 이 순간, 무서운 힘을 가지고 있으면서도

때로는 겸손하고 부드럽게, 때로는 넓은 마음으로 포용하며

흐르는 물처럼 그렇게 살면 어떨까요?

기회는 계절처럼

봄이 오기 전이 가장 춥고
해뜨기 전이 가장 어둡다고 합니다.

왜 그럴까요?

힘든 위기를 견디고
견뎌냈기 때문입니다.

성공하기 전에 실패의 쓴맛을 보게 되고
인생대운이 들어오기 전에
가장 힘든 위기가 찾아온다고 합니다.

왜 그럴까요?

바닥을
매섭게 내려치는 위기를

경험한 만큼
지혜와 만났기 때문입니다.

힘들면 손을 뻗어 주변에 알리고
손을 잡았다면 절대 놓지 마시고 견디고 견뎌내십시오.
그러다 보면 힘든 위기에
다시 일어설 수 있는 기회를 선물 받게 되어
매섭게 내려친 바닥은 반동으로 더 높이 오르게 됩니다.

위기 뒤에는
기회가 계절처럼 다가오는 법이기 때문입니다.

행운보다 더 깊은 행복

토끼풀이라고 불리는 클로버가 있습니다.
아니 클로버라고 불리는 토끼풀이
우리에겐 더 정감이 가는지도 모르겠습니다.
네 잎 클로버는 흔히 행운을 상징하는 풀로 알려져 있습니다.
나폴레옹이 전쟁 중에 발밑에 있는 네 잎 클로버가 신기해서
고개를 숙이는 바람에 생명을 건졌다는 것은
너무나 유명한 일화이지요.

그래서 그랬을까요.
우린 행운을 얻기 위해 네 잎 클로버에만 관심을 보입니다.
들판을 거닐다가도 토끼풀을 보면
앞뒤 구분하지 못한 채 네 잎 클로버만 찾습니다.
그러나 준비가 안된 상태에서 찾아온 행운은
당황해서 앞뒤 분간하지 못하다가 일을 그르치거나
욕심만 앞세우다가 사회로부터 외면받거나
가정에도 불운이 찾아올 수 있습니다.

세 잎 클로버는 행복을 상징합니다.

그런데 지천에 널려있다 보니

마음만 먹으면 찾을 수 있고 가질 수 있다는 생각에

행운을 얻기 위해 무참히 짓밟히고 외면당하고 있습니다.

정말 그래도 되는 것일까요?

한번 올까 말까 한 행운을 위해 늘 묵묵히 기다리는 행복들은

무참히 짓밟고 등한시해도 괜찮은 것일까요?

아니면 급한 일들로 인해서

노력하는 만큼 손에 잡을 수 있는 행복의 소중한 가치를

뒤로 미루고 있어도 괜찮은 것일까요?

진짜 주목해야 하는 것은 바로 행운보다 행복입니다.

오늘만큼은 세 잎 클로버에게 먼저 다가가서

'고마워, 늦게 알아봐서 미안해' 라고 인사를 건네 보세요.

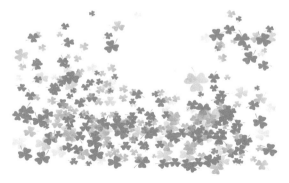

알지 못했습니다

알지 못했습니다.
일찍 꽃망울을 터뜨리는 이유가
추운 겨울을 견뎌낸 사람들에게 건네는
희망의 선물인 줄 알았는데
벌꿀들이 갈 길을 잃고 헤매게 되고
생태계에 위험 요소가 된다는 것을 말입니다.

미처 알지 못했습니다.
앞 다투어 울긋불긋 꽃들을 피어내는 이유가
생활에 찌들고 지친 사람들에게
몸과 마음을 치유해 주기 위한 꽃놀이패인 줄 알았는데
자연을 훼손하고도 부끄럽지 않게 생각하는 사람들에게 보낸
경고장이라는 사실을 말입니다.

정말 알지 못했습니다.
때가 되어야 새순이 돋아나고

때가 되어야 꽃망울을 터뜨리고
때가 되어야 꽃이 피고, 때가 되어야 열매를 맺고
때가 되어야 낙엽을 남기는 자연의 존재감을
엘니뇨 현상의 무서움을 통해 알았고
라니냐 현상의 싸늘함을 통해 겪었으면서도
자연도 교차하는 시기에는
후유증을 앓고 있다는 사실을 뒤늦게 알고는
미안한 마음에 몸 둘 바를 몰랐습니다.

이제 알게 되었습니다.
때가 되어야 기회가 오고
때가 되어야 일을 잘 할 수 있고
때가 되어야 성공해도 탈이 없다는 것을 알면서도
욕심이 너무 깊어 양심을 버리고 허둥댔던 것을 말입니다.

뒤늦게 자연의 존재감을 통해서
순리대로 사는 삶이 얼마나 소중한지를
뼈저리게 알고 반성합니다.

갈등

뜻밖이었습니다.
칡은 왼쪽 방향으로 감아 오르고
등나무는 오른쪽 방향으로 감아 올라
둘이 마주하면서 빚어내는 것이 갈등이라는 것을 말입니다.

차들은 오른쪽 길로 운전하고
사람들은 왼쪽 길로 걸어 목적지에 도착하는 것이
안전이라고 하는데 말입니다.

정말 뜻밖이었습니다.
등나무 아래에 앉아 더위에 흠뻑 젖은
땀을 시킬 수 있도록 도와주는 것과
흙속의 진주라 불리며 면역력을 높여주는
한잔의 칡차를 마시면서 갈등이라니요.

오른쪽으로 걸어 오르는 것과

왼쪽으로 걸어 오르는 것이
좋을 때도 있고 나쁠 때도 있다니요.

정말 뜻밖이었지만 문득 스치는 것이 있습니다.
수없이 쏟아져 나오는 정보와
획득된 성과물인 지식도
언젠가는 바뀌고 변할 수 있다는 것을….

사람마다 자란 환경과 경험이 달라서
생각하는 관점이 서로 다를 수 있는데
나는 옳고 상대방은 틀렸다고 생각하니까
칡과 등나무처럼 갈등이 생깁니다.

그럴 때는
이 갈등을 어떻게 없앨까
고민하지 마세요.
'생각이 다른데
내가 옳다고 고집했구나.'
이렇게 자신을
돌아보면 됩니다.

마음 변주곡

햇볕이 쨍쨍….
잠시 잊었던 세상을 만나
참 따사롭습니다.

우산을 파는 딸 때문에
어머니는 걱정하지만
소금 장수는
이보다 더 행복할 수는 없습니다.

보슬비가 보슬보슬….
미처 보지 못했던 세상을 데려와
온통 깨끗합니다.

소금을 파는 아들 때문에
어머니는 시름하지만
우산 장수는

이보다 더 행복할 수는 없습니다.

햇볕이 쨍쨍 내리쬐면
햇볕의 따스함을 따라
소금 장수를 생각했으면 합니다.

보슬비가 보슬보슬 내리면
빗소리를 따라
우산 장수를 생각했으면 합니다.

그러다 보면 하루하루 마음이 편안하고
행복할 테니까 말입니다.

인생

가보지 않은 길을
간다는 것은 두려움입니다.

아이만 두려운 것은 아닙니다.
젊은이도 두려워하고
어르신도 무척 두려워했습니다.
그럼에도 불구하고
어르신도 걸어갔고 젊은이도 걸어가고 있고
아이도 걸어가려고 준비하고 있습니다.

이유는 간단합니다.

어르신이 걸어간 길이기에
젊은이도 걸어갈 힘이 생기고
젊은이가 걷고 있는 길이기에
아이도 걸어갈 용기가 생기는 것입니다.

결론은 명확합니다.

힘내라는 말 대신에
힘을 낼 수 있도록 길을 내주었고
용기를 내라는 말 대신에
용기를 낼 수 있도록
먼저 용기 있게 걸어갔기 때문입니다.

세상과 처음 맞닥뜨린 아이는
가보지 않은 길임에도 불구하고 매일 아침 따뜻한 온기를 담아
힘차고 용기있게 인생길을 나서려고 합니다.

먼저 인생길을 나섰던 선배들로부터
두려움을 넘어 설렘과 함께
충분히 해낼 수 있다는 자신감을 얻었기 때문입니다.

솔직하게

웃고 싶으면
기다리거나 주저하지 말고
입을 크게 벌리고 솔직하게 웃어 보세요.

떠나고 싶다면
멈칫하거나 미련을 두지 말고
심호흡을 크게 하고 망설임 없이 솔직하게 떠나 보세요.

몸이 아프면
아프다고 솔직하게 표현을 하고
마음이 슬프면
슬프다고 솔직하게 말해 보세요.

생각만큼 사람들은
상대방인 나에게 관심을 갖지 않는 것이 아니라
자신을 생각하는 것만큼

상대방에게 관심을 가져줄

여유가 없어서 그러는 것뿐이에요.

그런데도 섭섭하고 서운하다면

상대방으로 하여금

나에게 관심을 갖도록

마음과 행동에 있어서 솔직하게 응답해 보세요.

신경 쓰지 말라고 해도

혹시 무슨 좋은 일이 있느냐면서

귀를 쫑긋할 것이고

괜찮다고 해도 먼저 환한 얼굴로 다가와

손을 잡아줄 거예요.

그랬구나

'그랬구나.'

상대방의 말에
동의해서 그러는 것은 아닙니다.

상대방의 입장이라면
충분히 그럴 수 있겠다는 생각이 들어
그러는 것뿐입니다.

'그렇구나. 그래서 그랬구나.'

상대방에 대해서
몰랐던 사실이나 비밀들을
알게 되었을 때 나오는 말입니다.

상대방을 인정하게 되는 것이니

맺혔던 오해도 풀릴 수 있어서

한결 편안하게 다가갈 수 있고

서로가 관심을 갖고 마음으로 소통할 수 있을 것입니다.

'안돼, 하지마, 시끄러워, 저리 가 있어.'

부정적인 말을 꺼내기 이전에

한 걸음 뒤로 물러서서 마음을 안정시킨 다음

'그렇구나. 그래서 그랬구나.' 라고 건네 보세요.

이보다 더 공감할 수는 없을 것입니다.

더불어 상대방이 편안하게 다가와

환하게 웃어주면서

'믿어줘서 고마워요. 인정해줘서 기분이 좋아요.' 라고 말한다면

이보다 더 속이 후련하고 행복할 수는 없을 것입니다.

그러게요

좋은 대학 가야지.
그러게요.

올해는
취업을 해야지.
그래야 할 텐데요.

올해는
결혼을 해야지.
그러게요.
그래야 할 텐데요.

걱정돼서 물어보는 것은 당연합니다.
궁금해서 그럴 수도 있습니다.

지인들 입장에서 보면

오랜만에 만나는 것이니
걱정되고 챙겨주고 싶은 마음에서 그런 것입니다.

또 그렇게 물으면
마음 단단히 먹고 관심이 있어 그런다 생각하고
대답해 주세요.

만약 묻지 않으면
당황할까 봐 그런다 생각하고
편안한 마음으로
서운해하지 말고 그냥 넘어가세요.

사랑 꽃

사랑의
반대말은
무관심이라고 합니다.

사랑 안에 있던
관심이 토라져서
무관심을 만들어 낸 것이지요.

오늘은
용기를 내서
무관심을 향해 '네 이놈' 해봅니다.

놀란 무관심이
제집인 줄 알고 편안하게 앉아있다가
벌떡 일어나
줄행랑을 칩니다.

오늘은

용기를 내어

무관심이 떠난 텅 빈 마음에

'맞아', '사랑해' 하고

관심을 보여주니

뾰로통했던 맘이 사르르 녹아들어서는

금방 사랑 꽃이 내려앉았습니다.

활짝 핀 사랑 꽃은

옆구리 콕콕 찔러 가족들에게 웃음을 선물해주니

가족 사랑꽃이 되어 담벼락을 타고 넘어

세상의 중심으로 힘차게 나아갑니다.

보이는 사랑 숨은 사랑

당신은
누군가를 사랑하십니까?
몹시 아끼고 귀중히 여기는 마음이 있습니까?

사랑을 물으면
좋은 느낌과 황홀한 감정을 떠올리며 고개를 갸우뚱합니다.

그러나 사랑의 감정에는
그리움이나 안타까움과 같은 부정적인 감정도
포함되어 있는 것이라고 부연설명을 하면
'예' 라고 대답하는 확률이 높아집니다.

사랑을 합니다.
보이는 사랑을 합니다.

말로 하는 사랑으로는 부족해서

손 하트, 손가락 하트, 양손가락 하트를 마구 날립니다.
그러다 보니 마구 날린 ♥를
친구도 받고, 연인도 받고, 가족도 받고, 팬들도 받고
지구촌 사람들도 지나가다가 우연히 받기도 합니다.

문제는 보이는 사랑은
잘못하다가는 보여주기 위한 사랑으로
변질될 수 있다는 것입니다.

사랑을 합니다.
숨은 사랑을 합니다.
말로 하는 사랑으로는 어딘지 모르게 부족해서

슬그머니 손을 건네기도 하고
천천히 다가가서 양팔을 벌리고
가슴으로 따뜻하게 안아주기도 합니다.
흔히 알고 있는 하트가 아닌 거꾸로 서 있는 ♠를 합니다.
그래서 많은 사람이 받을 수는 없습니다.
그렇지만 좋은 느낌을 갖고 있던 사람도 보내오고
안타까움으로 힘들어 했던 사람도 보내온다는 것입니다.

그렇게 마음으로부터 시작한 사랑은
하트(♥) 모양의 보이는 사랑을 넘어
하트가 거꾸로 서 있는 숨은 사랑(♠)이 되어
밖으로 안으로 소리 소문 없이 전달됩니다.

아쉬운 점이 있다면
조금밖에 나아가지 못한다는 것이지요.
속상한 점이 있다면
풍족하게 전달되지 못한다는 것이지요.
그렇지만 시간이 지나면 알게 됩니다.
지구촌 사람들로부터
한가득 마음을 담아 돌아온다는 것을 말입니다.

흙꽃

옹기그릇….
질그릇과 오지그릇을 아울러 이르는 말입니다.
명품 도자기들과는 다르다는 것이지요.

그럼에도 불구하고 제일 좋아하는 이유는
숨을 쉬고 있다는 것이랍니다.

전시장에 가면 구석에만 있고
집안으로 들어오면 찬장 맨 아래 칸에 놓여 있어도
장맛을 책임지고
김장 맛을 일품으로 만들어 내는 것은
옹기뿐이라는 것.

옹기그릇은 흙으로 빚은 그릇 중에
대표적으로 숨을 쉬는 그릇….
흙꽃이랍니다.

단짝 인연

"우린 단짝 친구예요."

"우린 천생연분이 되어 백년해로 할 것입니다. "

"우리 가족은 참 화목해요."

서로 마주 보고서 그렇게 말합니다.

그런데 안을 들여다 보면 그렇게 되고픈 바람이기도 합니다.

왜냐하면 좋을 때는

다 친구 같고 연인 같고 가족 같기 때문이지요.

그래서 좋을 때 맺은 인연이 영원할 것이라고 착각을 합니다.

"어떤 사람을 만나야 좋은 인연이 될까요?"

"어떤 인연이 다가왔을 때 놓지 않고 잡아야 하는 것일까요?"

인생을 살다 자신이 보잘 것 없어 보일 때

혼자 우두커니 앉아서 그렇게 말합니다.

왜냐하면 철저하게 이익으로 맺어진 인연들은

자연스럽게 멀어지고

서로 같은 곳을 바라보면서 힘든 시간을 함께 해주고

자존심을 지켜주는 인연만 남기 때문이지요.
그래서 이런 인연을 인연 중에 인연, 단짝 인연이라고 부릅니다.

인연(因緣)은 말 그래도 혼자서는 불가능한 것으로
가령 재료들이 있으면 이를 가공해낼 기술이 있어야 하듯이
아무리 인(因)이 좋다 할지라도 연(緣)을 만나지 못하면
결과를 가져올 수 없다는 것이지요.
더욱이 단짝 인연은
어렵고 힘들 때 다가와 이야기를 들어주고 들려주며
서로의 감정을 공유하기도 하고 힘든 역경이 찾아와도
견뎌낼 수 있도록 용기를 주며
오해가 생기면 먼저 전화를 걸어와 마음으로 소통하니
서운할 것도 속상할 일도 없는 것이지요.

단짝 인연은 멀리 있지 않습니다.
서너 걸음 가까이에서 응원하고 있을테니
먼 길을 돌아오게 하지 말고
먼저 좋은 인연이 될 수 있도록
다가가서 손만 잡아봐도
가슴이 아리듯이 눈물이 난답니다.

양보하세요

"자식이기는 부모 없으니 양보하세요."
막판에 가서 부모들이 듣게 되는 말입니다.

그렇다면 왜 부모들은
자식들에게 양보를 하는 것일까요?

이유는 간단합니다.
부모보다 오래도록 살아가야 하는
자식들의 인생에 대해서는
영원히 책임지고 돌볼 수 없기 때문입니다.

언젠가는 먼저 떠날 텐데….
떠난 뒤 혼자 남겨져서 살아갈 자식들을 생각하면
짠한 마음이 들어서
속으로 울면서도 미리 양보하는 것일 수도 있고
어차피 혼자 걸어가는 길이기에

서너걸음 물러서서 지켜보는 것이 현명하다고 판단해서
양보하는 것일 수도 있습니다.

이제는 자식이 부모보다 먼저 양보하면 어떨까요?

같은 공간에 있으면서
다른 곳을 보기도 하고, 함께 하기도 하고
기다리기도 해야 하는 부모와 자식….

애정과 관심을 얼마나 주느냐에 따라서
아름다울 수도 있고 아닐 수도 있기 때문에
부모를 이기려고 하는 자식들이 없는 세상!
부모와 자식이
서로 조금씩 양보하는 세상이 되었으면 합니다.

가족이 아는 나

가족(家族)은 혼인이나 혈연으로
맺어진 집단 또는 구성원과의 관계를 말합니다.
혼자가 아닌 복수라는 것이지요.
그래서 가족은 각각인 동시에 공동체입니다.

문제는 가족공동체의 변화입니다.
세상이 변하고 사회가 변하면서 가족도 변해서
때로는 경쟁자가 되기도 하고 때로는 밀고 당기기도 하면서
무조건 복종을 했던 가족관계도 변해가고 있다는 것입니다.
예를 들면 하나의 가족공동체를 이루고 있더라도
100% 같은 생각과 행동을 할 수는 없다는 것이지요.
다함께 밥을 먹길 원하는 가족이 있는 반면에
혼자 텔레비전을 보면서 밥을 먹길 좋아하는 가족도 있고
다함께 드라마를 보더라도 관심 가는 분야는 소품과 스토리텔링
혹은 인물 등으로 각기 나눠질 수도 있다는 것입니다.
그래서 가족은 공동체인 동시에 각각이기도 합니다.

문제는 내가 아는 가족과 가족이 아는 내가 다르다는 것입니다.
적어도 가족이라면 누가 경제를 책임지고 있고
누가 꿈을 이뤄나가고 있는지는 알고 있어야 하는데도 불구하고
부모가 자녀의 학교나 교우 관계를 모른다는 것은
자녀를 동등한 위치에서 인정하지 않는다는 반증일 수도 있고
자녀가 집안 일을 몰라도 된다는 것은 갑작스런 일로
멘탈붕괴가 되어도 괜찮다는 말일 수도 있습니다.

가족이라면 상대방의 이야기를 경청하고
때로는 충돌과 협상의 과정을 거치면서 가족이 아는 나와
내가 아는 가족과의 거리를 좁혀서 갈등도 풀어가야 합니다.
그렇게만 살아간다면 가정공동체가 변화해 가고 있다고 한들
현실 안에서는 가족이 있다는 든든함과
내가 돌아갈 곳이 있다는 따뜻함으로
안정과 여유를 찾게 되어 몸은 건강하고 마음은 행복해서
하는 일도 즐거울 것입니다.

적절한 관계

사이좋았던 친구가
아무런 예고도 없이 먼저 떠난 뒤 괴로워합니다.
정 많은 언니가 시집간 뒤
텅빈 공간을 보면서 힘들어 하는 사람도 보았습니다.

분명한 것은 누군가는 먼저 떠나게 된다는 것이지요.
그런데 우린 만남만을 생각할 뿐
헤어짐은 상상조차 하지 않으려고 합니다.
이별일 수도 있고 작별일 수도 있지만
헤어진다는 것은 고통스러운 일이니 더욱 그럴 것입니다.

우리의 만남이
좋은 것만은 아니었음을 뒤늦게 알았듯이
이별과 작별이 슬픈 것만은 아니라는 사실을 알 수 있도록
좋은 관계든 나쁜 관계든 한쪽으로 쏠려서 집착하지도 말고
섣불리 옳고 그름을 단정 짓지도 말았으면 합니다.

사람들은 행복과 불행이 같은 크기로 찾아오더라도
불행이 더 크다고 생각하고 힘들어하기 때문입니다.
행복이든 불행이든 집착하지 않고 내려놓으면 편할 텐데….
혹시 나도 그러고 있었던 것은 아닌지요.
그래서 이별과 작별은 상상조차 하지 않고 있다가
떠나거나 헤어진 뒤 힘들어 했던 것은 아닐까요?

우리의 만남이
좋은 관계든 나쁜 관계든 집착에서 내려와서
꼭 알맞은 관계 혹은 부적절하지 않은 관계인 적절한 관계도
사람 관계에 있어서 하나의 방법임을 인식하고
다양한 가능성을 열어두고 방법을 모색해 봤으면 합니다.
사람과의 거리를 둔다거나
일이 벌어졌을 때 빈둥거리는 것이 아닌
시간과 공간을 두고 생각하는 것이니
나쁜 관계나 좋은 관계들과 분별하지 않고 말입니다.

머피아빠 샐리엄마

비가 올 것 같다는 말에 우산을 들고 나왔습니다.
아파트 입구를 나서면서 우산을 펼친다는 것이
그만 옆에 있던 화분을 건드리고 말았습니다.
덜컹 소리에 놀란 경비아저씨가 달려 나오고
약간 상처 입은 우산과 함께
사후 보상을 약속하곤 아파트를 나섰습니다.
건널목에 도착할 때쯤 신호등이 빨간불로 바뀌더니
타고 가려던 버스가 출발하고 말았습니다.
오늘 방문하기로 한 인쇄소는
다음으로 미루고 사무실로 들어왔습니다.
아침부터 머피의 법칙(Murphy's law) 연속이었습니다.

회사에 도착하고 밀린 업무를 보고 있는데
텔레비전에서 긴급 뉴스가 흘러나옵니다.
인쇄소로 향하던 노선버스의 사고 소식이었습니다.
하마터면 큰일 날 뻔했습니다.

비가 온다고 했는데 햇빛이 쨍쨍하네요.

우산을 경비실에 맡기고 온 것이 천만다행이었습니다.

아침에 만나기로 한 인쇄소 직원은

근처에 볼일이 있다면서 직접 사무실로 방문을 했습니다.

이런 일련의 과정들을 두고

샐리의 법칙(Sally's law)이라고 한답니다.

그래서 머피의 법칙(Murphy's law)과

샐리의 법칙(Sally's law)은 가까이서 보면 다르지만

시간 차를 두고 멀리 떨어져서 보면

머피와 샐리는 다르지만 같은 존재 아닐까요?

오늘은 머피아빠를 만날까요? 샐리엄마를 만날까요?

인생사 모든 것은 마음먹기에 달렸습니다.

하루하루를 시작하면서

좋은 일을 생각하면 좋은 일이 생깁니다.

나쁜 일을 생각하면 나쁜 일이 생깁니다.

인생사 마음먹기에 따라

불행도

행운이 될 수 있습니다.

선물

사랑의 선물이 있고 효도의 선물이 있으며
입학이나 졸업처럼 변화를 축하하는 선물이 있습니다.

선물은 준비하는 동안 마음입니다.
받을 사람이 무엇이 필요한지 이리 저리 생각해보고
어떤 것에 감동을 받을지 정성을 다해 고민하면서
마음을 담아 건네는 것까지가 주는 사람의 몫입니다.
선물을 건넨 뒤 들려오는 소리에 귀를 쫑긋 한다면
욕심을 담아 뇌물을 건넨 것입니다.

서당에는 책거리가 있고 주역에 보면 십붕지구가 있으며
사람 세상에는 은혜에 감사하는 선물이 있습니다.

선물은 간직하는 동안 감동입니다.
건넨 사람이 얼마큼 많은 노력을 들여 어렵게 준비를 했는지
어떤 마음을 담아서 소중하게 건넸는지 감사하면서

마음을 다해 받는 것까지가 받는 사람의 몫입니다.
선물을 받은 뒤 구시렁거리며 뒷담화한다면
선물 때문에 인연도 끝나는 것입니다.

선물은 설렘이고 행복이어야지
자랑거리로 인한 상대적 박탈감이나
불행의 시초가 되어서는 안됩니다.
그럼에도 불구하고
주는 사람 마음대로 건넸다가 자존심 건들고 마음 상하게 되고
받는 사람 마음대로 생각해서 말도 많고 탈도 많다보니
소중한 인연마저 잃게 되는 것입니다.

선물은
건네는 순간 잊어야 하고 받는 순간 애썼음을 잊지 말아야
소중한 인연이 온전할 수 있습니다.

온전한 일요일

일요일은
월요일을 기준으로 한 주의 마지막 날입니다.
그래서 일요일의 아침은 느긋합니다.
천천히 일어나서 늦은 아침을 하고 밀린 일을 하거나
프로 스포츠 경기에 푹 빠져 있기도 합니다.
점심때까지는 그렇습니다.

일요일은
일요일을 기준으로 한 주의 시작을 알리는 날입니다.
그래서 일요일 오후는 짜증이 나기 시작합니다.
멀쩡했던 마음이 불현듯 화를 토해내기도 하고
괜스레 기분이 우울해지는 월요병의 전조를 보이기도 하며
응원하는 프로팀이 지기라도 할라치면
울화통이 터져버리기도 합니다.
그러다 보니 쉬어야 하는 일요일임에도 불구하고
밤이 깊어질수록 더욱 짜증만 내게 됩니다.

일요일이
온전한 휴일답게 즐거울 수는 없을까요?
일요일만큼은 회사의 일도 잊고
내일로 가는 마차에서도 잠시 내려와서
일주일을 위로하는 인생의 축제처럼
잠시 멈추어 쉬는 온전한 일요일 말입니다.

큰 줄기에서 보면 삶은 쉬지 말고 걸어가야 한다고 말하지만
휴식 없는 일요일은 삶의 황폐화로 갈 수 있다는 것을 명심하고
일주일 하루쯤은 느긋하게 잠에서 깨어나고
창가에 앉아 차도 마시고, 풀밭에서 편안하게 휴식도 취하면서
지친 피로도 풀어주고, 소진한 육체도 충전한다면
갑자기 육체와 정신이 고장나 후회할 일은 없으니
이보다 더 충실한 삶은 없을 것입니다.

일요일!
마음을 찾아 다독여 주고
여유를 얻게 만들어주기 때문에
온전한 일요일이어야 합니다.
일요일!
일요일만 생각 하세요.

오늘 하루

오늘 하루
스스로에 대해서
진심으로 사랑하고 있었는지 돌아봅니다.
내뱉는 한마디와
건너 뛴 발자국 하나까지 말입니다.

오늘 하루
스스로에 대해서
진심으로 충실하고 있었는지 점검해 봅니다.
읽어 내려간 책과
쓰고 고친 문장 하나까지 말입니다.

오늘 하루
스스로에 대해서
진심으로 균형 감각을 잡았는지 둘러봅니다.
건네받은 인사와

세상에서 필요한 존재로
변화해 가고 있는 하나까지 말입니다.

어제오늘
그리고 또다시 찾아오는 하루하루가
절실함의 한가운데 있어도
진심으로 사랑했는지 돌아보고
진심으로 충실하게 살아가고 있는지 둘러보며
진심으로 삶의 한가운데에 서서
균형 감각을 잡고 있었는지 점검하고 보냈다면
여유롭게 설렁설렁 보냈다 하더라도
거친 풍파와 맞서 싸웠다 하더라도
오늘 하루!
후회는 없을 것입니다.

균형

쏠리면 넘어집니다.
어느 한쪽으로 기울거나 치우치지 않게
균형을 잡아보세요.

무덤덤하면 안됩니다.
센스 있고 드라마틱한 능력을 발휘해서
깊은 인상을 남겨보세요.

인생에서
균형은 더욱 그렇습니다.
마음과 생각이
한쪽으로 기울거나 무덤덤하면
넘어지게 되고
넘어지면 길을 잃고 헤매게 되기 때문이지요.

다만 인생의 명확한 방향을 아는 사람은

넘어지고 기울더라도
반드시 원점을 찾아서 제자리로 돌아온다는 것입니다.

인생에서
새로운 일을 고민하고 선택할 때는 조금 늦더라도
더욱 섬세하게 균형을 잡아 신중하게 결정해야 합니다.

지금 하고 있는 일이 잘 풀리지 않는다면
뭘 새롭게 하기보다는 뭘 하지 말아야 하는지 고민하고
지금 하고 있는 일이 잘 진행된다면
뭘 더하려고 하기보다는 뭘 버려야 하는지 선택해서
균형의 잣대를 맞추는 것이 중요합니다.

인생은 끊임없이 선택해야 하고
선택의 균형은 행복과 즐거움의 시작이기 때문입니다.

기찻길 여행

"너 처음이니? 어디로 가니?"
출발선에서 입을 꽉 다물고 꼿꼿하게 서서
겉으로는 태연한 척 했지만
어린 기차는 겁부터 덜컹 나 대답도 못 했습니다.
하늘은 맑고 세상은 온통 푸른데
앞이 보이지 않아 몸을 움직일 수가 없었습니다.

때마침 옆 기찻길로
다른 기차들이 들어서며
"힘내. 넌 할 수 있어" 용기를 주었습니다.
그렇게 여행은 시작되었습니다.

첫 시작은 두려움과 주저함으로 잘 달리지 못했지만
이내 익숙해지며 할 수 있다는 자신감이 생겼지요.
그런데 무엇보다 즐거웠던 일은
동경했던 세상을 여행한다는 것이었습니다.

때론 앞 기차와 간격 유지를 위해 멈춰서기도 했고
장마나 산사태로 철로가 유실되면
며칠 동안 꼼짝을 못하기도 했으며
시간이 지나 바퀴가 마모되고 여기저기 고장이 나서
새 부품으로 바꾸고 고칠 때까지 기다리기도 했습니다.

하지만 힘들게 내딛은 그 한 걸음으로
누릴 수 있는 게 얼마나 많았는지 모릅니다.

사람의 인생도 그와 같지 않을까요?
무엇이든 처음은 두렵겠지만
하고 싶은 일이 있다면 한 걸음 내딛어 보세요.
혹 성공하지 못한다 하더라고
그 한 걸음으로 인해 누릴 수 있는 것이
얼마나 많은지 알게 될 것입니다.

친구가 온다

친구는 뜻을 같이 하기에
문화를 공유하고 경제를 공유하고 시대를 공유합니다.

공유한다는 것은
따로 설명이 필요하지 않지요.
어떤 상황이 발생하게 되더라도 원인과 결과를 들어
구구절절 설명할 필요가 없습니다.
그냥 '아, 어, 그거, 거시기' 정도로만
말해도 알아듣고 반응합니다.
그래서 친구는 공유인 동시에 울컥함이지요.

유붕자원방래, 불역낙호(有朋自遠方來, 不亦樂乎)라.
공자의 논어(論語) 학이(學而)편에 나오는 말씀입니다.
친구가 멀리서 찾아오니 기쁩니다.
살고 있는 곳이 다르고 먹는 음식이 다르며
관습이 달라도 상관없습니다.

간혹 생각하는 것이 다를 수 있어도
문제될 것이 없습니다.

뜻이 같다는 것은 바라보는 곳이 같기에
오르막이든 내리막이든 비탈길이든 산길이든 가다보면
뜻을 같이하는 친구들은 분명히 만나게 되고
친구들을 만나다 보면
시간이 얼마나 지났건, 연락을 한지가 얼마나 흘렀건
언제든지 소통이 가능하다는 것입니다.

잔디밭에 누워 푸른 하늘을 쳐다만 봐도 좋고

벤치에 앉아서 세상 돌아가는 이야기를 주고받아도 좋고
커피숍에 들어가서 차 한 잔을 마주 하고 있어도 좋습니다.

오랜만에 만나면 밀렸던
정보들로 빈 공간을 채워줘서 좋고
잠자고 있던 심장을 방금 전에 만난 것처럼
깨어나게 해줘서 좋고
우리가 함께 했던
추억의 풍경 속으로 데려가줘서 좋고
우리가 함께할
노년의 삶 속으로 데려다줘서 좋습니다.

친구는
공유할 것이 많아서 마냥 좋습니다.
친구는
설명할 필요가 없어서 덩달아 좋습니다.

이렇듯이 생각만 해도 좋고, 불러만 봐도 좋은데
친구가 멀리서 오니
이보다 더 기쁜 일이 어디 있겠는가 하는 것이지요.

비 오는 날

창밖으로
비가 내리고
비가 오는 날은
빈대떡에 막걸리 한잔이
제격입니다.

창밖으로
비가 내리고
비가 오는 날은
음식 재료 사러 시장에 가는 것도
귀찮답니다.

창밖으로
비가 내리고
비가 그치면 모든 것은
해결이 되어 있겠지요.

혜안

컵에 물이 반 정도 들어 있습니다.
이것을 보고 반밖에 남아 있지 않았다는 사람도 있고
반이나 남았다는 사람도 있습니다.

그런가 하면 똑같이 일어난 사건을 두고도
뇌물의 연결고리를 끊을 수 있으니
행운이라고 보는 사람도 있고 끝내 법정에 서게 되니
불운이라고 생각하는 사람도 있습니다.

인생은 생물 같아서
한치 앞도 정확하게 내다볼 수 없습니다.
오전에 발표하기로 했던 프로젝트가
갑자기 터져 나온 부품 결함으로 무산되기도 하고
오늘 저녁 영화를 보기로 한 약속이
뒤로 미루거나 없었던 일이 되기도 하니까 말입니다.
인생은 정답이 없다는 것이 정답이라면서

진행될 과정과 결과를 섣불리 예단하기도 하고
옳고 틀림을 속단해서 일을 그르치는 경우도 많습니다.

인생은 생물 같아서
먼 미래를 두고서도 행운이니 불운이니 말할 수는 없습니다.
다만 분명한 것은
마음이 어디로 향하고 있는가 하는 것입니다.
그것이 욕심이 아닌 양심으로 향하고 있고
현재의 삶에서 우왕좌왕하지 않고
차분하게 때를 기다리고 있다면
한치 앞의 일도 먼 미래도 걱정할 필요가 없습니다.

마음 안에는
앞날을 내다볼 줄 아는 혜안이 들어 있기 때문입니다.

제 2 장

갈림길을 지나가다
해법을 찾다

경험은

어떤 상황이 닥쳐오거나

악조건이 도래한다고 하더라도 사물의 이치를 빨리 깨닫고

사물을 정확하게 처리할 수 있는

지혜의 근원으로 내 안에 두고 있기에

미지의 인생길을 간다고 하더라도 경험으로 얻은 지혜만 있다면

불안해하지 않아도 됩니다.

빈자리

태어나는 순간부터
세상과의 인연은 시작됩니다.

운명처럼 맺어진
가족이 그런 것이지요.
선택한 것이 아닌 선택을 받은 것이기에
칼로 물을 베듯 끊을 수 없이
오래도록 유지가 되는 인연입니다.

그러나 모든 인연이 그럴까요?

세상살이를 하면서
맺게 되는 인연도 있습니다.
학교에 입학하면
만나게 되는 친구가 그렇고
회사에 입사하면
만나게 되는 동료가 그렇고
친목회나 동아리 혹은
사회단체에서 만나게 되는 인연들이 그렇습니다.

문제는
인연을 함부로 맺지 말아야 한다는 것입니다.

함부로 인연을 맺다 보면
새로운 인연이 들어갈 빈틈과 틈새가 없어
정말 필요할 때 인연을 맺지 못합니다.
그래서 성공한 사람들을 보면
신중하게 생각하여 인연을 맺고
뜻을 공유하고 미래를 함께할
사람들과 교류를 합니다.

그 결과 누구에게나 인연은
어느 누구에게도 인연이 아닐 수 있습니다.

풍요로울 때 맺어진 인연이
수첩에 가득하다고 좋아할 필요도 없고
역경이 몰려왔을 때 인연이 남들보다 적다고
우울해 할 이유도 없습니다.

함부로 인연을 맺지 않았다면
풍요롭건 역경이 몰려왔건
소중한 인연은
항상 그 자리에 머물 테니까 말입니다.

때가 되어서

"마음이 변하는 것일까요."
"사람이 변하는 것일까요."
"아니면 세월이 변하게 만드는 것일까요."

명확한 답을 내놓지 않고
우정이 변했다고 말하고 사랑이 식었다고 말합니다.
그리고 변한 원인은 내가 아닌 상대방이라고
덮어씌우거나 핑곗거리를 찾아서 둘러댑니다.

그렇다면 상대방은 왜 변하는 것일까요?
혹은 왜 배신했다고 느끼거나 배반당했다고 생각하고
통곡을 하게 만드는 것일까요?

좀 더 깊숙이 들어가 생각해 보면
싸워서 헤어진 것이 아니라
헤어질 때가 되어서 싸운 것이고

배신이나 배반을 당한 것이 아니라
배신이나 배반해도 아쉬울 것이 없다 싶어서
배신의 기회를 보고 있다가 변해버린 것입니다.
정확하게 말하면 깊은 인연은 아니었던 것이지요.

만약 깊은 인연이었다면
기회를 보고 있다가 싸움을 걸지도 않았을 것이고
망을 보고 있는 척하다가 배반하지도 않았을 것입니다.

단지 때가 되어서
헤어진 것이고 변해버린 것입니다.
혹여나 만날 인연이라면 때가 되어서 다시 만날 것이고
떠난 인연이라면 때가 되어서도 다시 돌아오지 않을 것이니
떠난 사람들에게 미련을 두지 말고
현재의 인연을 더 많이 사랑해주면 되는 것입니다.

복덕 있는 효도

효도(孝道)란
부모를 정성껏 잘 섬기는 일 혹은 도리를 말합니다.
일반적 시각으로 보면
자식이 부모에게 하는 것만을 말하는 것이지요.

얼마 전 소설가 한강 씨가
맨부커상을 수상했다는 소식을 접했습니다.
한강 씨는 '아제아제 바라아제', '물에 잠긴 아버지' 의
저자 한승원 씨의 딸이지요.
당연히 경사이고 축하할 일이 맞습니다.
그런데 더 놀라운 것은 '자식의 가장 큰 효도는 아버지를
뛰어넘는 거다. 아주 큰 효도를 받아 가슴 뿌듯하다' 라는
한승원 작가의 소감이었습니다.
효도라는 것은 바로 물질적으로만 부모를 부양하는 것이 아닌
스스로 사회에 필요한 존재로 발전해 가는 것이고
그로 인해 부모를 기쁘게 하는 것이라고 합니다.

그렇습니다. 자식이 성장을 해서 부모에게만
물질적·정신적으로 다가가면 2% 부족한 효도라고 합니다.
부모는 자식이 돈을 많이 가져다주는 것보다
형제들끼리 사이좋게 지내는 것을 더 바라고
손주들이 밝고 건강하게 무럭무럭 잘 자라는 것을 더 바라며
무엇보다 정의로운 사회에서
세상 사람들이 올바른 길로 변화해 갈 수 있도록 기여하고
사람들로부터 존경받을 때
부족한 2%가 채워져서 가장 뿌듯하다고 합니다.

지금부터 부족했던 2%를 찾아서 실천해보면 어떨까요?
성공한 다음에 한다거나 멀리 떠나야 하는 것도 아닙니다.
지금 머물고 있는 곳에서
한 분야의 선생이 되어 재능기부를 할 수도 있고
집짓기 프로젝트에 참여할 수도 있습니다.
잠깐만 멈춰서 바라본다면 사회에서 필요로 하는
존재로 자신의 몫을 담당하게 되고
이 소식을 듣고 바라보는 부모도
기쁘고 흐뭇해 하니
세상에서 가장 복덕 있는
효도를 하는 것이지요.

삶의 변수

'물고기를 잡아주는 대신
물고기 잡는 법을 가르쳐 주어야 합니다.'

당연히 머릿속으로는 알고 있으면서도
몸은 벌써 움직여서 고기를 잡아주는 것도 부족해서
가시까지 발라서 입 안으로 쏙 넣어줍니다.
그러다보니 주체적으로 삶을 살아가기는 커녕
기댈 곳만 보이면 붙잡고 놓지 않으려고 합니다.

이때 우리가 착각하고 무심결에 지나치는 것이 있습니다.
바로 자식 사랑이자 아이 사랑이라는 것입니다.
콩 나라 팥 나라 참견하는 것도 부족해서
아예 리포트는 물론 입사지원서까지 관여한다고 합니다.

좋습니다.
그래서 좋은 대학에 들어가고 대기업에 입사하면

모든 문제가 다 해결되는 것일까요?

그렇지 않습니다.
대학에 들어가는 것이 끝이 아니고
회사에 입사하는 것도 종착점은 아니라는 것입니다.
회사에 입사하면
벌어지는 삶의 변수는 물론
이직이나 퇴사도 생각하지 않을 수 없는 것이지요.

무엇보다 더 큰 문제는
아이들이 나보다 빨리 사라질 확률이 낮다는 것입니다.
물론 내가 떠난 뒤를 준비해 놓고 가면 된다는 생각에
먹고 살 수 있도록 공부도 시키고

유산도 남겨 주며
인연도 만들어 주고 싶을 것입니다.
그래야만 발을 뻗고 잘 수 있고 편안하게 눈을 감을 수 있다고
생각하고 있을테니 말입니다.

문제는 내가 떠난 뒤에 발생하는 삶의 변수들은
누가 책임을 지고 해결해나갈 수 있는가 하는 것입니다.
그것은 바로 자식인 아이들뿐입니다.
그래서 나보다 빨리 사라지는 것만 가질 수 있고
돌볼 자격이 있다는 사실에 주목할 필요가 있습니다.

앞으로는 우리 아이들에게
주인된 생각과 마음으로 당당히 살아가는 법을 가르쳐 줘서
주체적으로 사회생활을 해나갈 수 있도록 해야 합니다.

즉, 남은 자의 몫인 것이지요.
그래서 스스로 삶의 변수에 대처해서
살아가는 법을 터득할 수 있도록
물고기를 잡아주는 것이 아니라
물고기 잡는 법을 가르쳐 주어야 한다는 것입니다.

세상의 잣대

'천 리 길도 한 걸음부터' 라는 말이 있습니다.
그런가 하면 기본과 기초가 튼튼해야
생활도 올바르게 할 수 있고 속도도 낼 수 있다고 합니다.

예를 들면
덧셈과 뺄셈을 모르고
곱하기와 나누기를 할 수 없는 것처럼
사람이 가야 할 도덕을 모르고
올바른 삶을 걸어갈 수는 없다는 것입니다.
그럼에도 불구하고 사람들은
일이 잘 풀리지 않으면
되는 일이 없다거나
뒤로 넘어져도
코가 깨진다고 말합니다.

모두에게 다 일어나는 것은 아니지만

위와 같은 일들이 반복되는 이유는 분명합니다.

첫 번째 이유는
양심에 대한 기준입니다.

우리가 생각하는 양심이 정말 양심에 합당한 것일까요?
사람들은 어떤 상황이 일어나면
처음에는 양심적으로 접근을 하다가
시간이 지나면 이익과 상충하게 되고
양심이라는 기준이 욕심 쪽으로 흘러가서
기준을 잃어버린 채
결국 스스로에게 이익이 되는 쪽으로 결론을 맺는다고 합니다.

두 번째 이유는
양심에 대한 지식입니다.

우리가 알고 있는 지식이 정말 올바른 지식일까요?
대부분은 책이나 영상매체 혹은 강연 등에서
보거나 들었기 때문에
양심에 맞는 지식이라고 생각합니다.
그런데 자세히 들여다보면 쓰레기통에 버려야 하거나

이미 버려진 지식들임에도 불구하고
그 지식을 바탕으로 양심을 삼고 있습니다.
그래서 세상의 이치와 다른 잣대를 갖게 되고
그 결과 올바로 간다고 생각했는데
양심의 기준이 다르다 보니
세상은 자꾸만 내가 원하는 대로 되지 않고
허투루 가고 있다고 생각하게 됩니다.

세상을 살아가는 잣대가 무엇인지
양심에 기준을 두고
삶의 이치를 찾아서 생각해 보고
깨어서 살다보면
어떤 상황이 닥치더라도 삶의 방향을 잃지 않고
수 많은 지식들이 쏟아져 나온다고 하더라도 흔들리지 않고
세상의 잣대로 명확하게 올바른 길로 갈 것입니다.

작은 구멍

절대 큰일 때문에
놀라거나 당황하지는 않습니다.
큰일은 미리 대비를 하고 준비를 하기 때문입니다.
아파트를 사기 위해서는 몇 년에 걸쳐 자금을 마련하고
회사의 미래를 위해서는
몇 개년 프로젝트를 세워 진행합니다.
만약 대비를 하지 않고 있었더라도
큰일은 예측하고 있었기 때문에 덜 놀랍니다.

"일이 벌어졌어."
"무슨 일이야? 네가 그럴 수 있어?"
하고 달려가는 것은 대부분 생각지도 않았던
작은 일들로부터 구멍이 나거나
겉으로 멀쩡했던 주변의 배신으로부터 발생합니다.
그래서 우린 늘 주변을 살펴야 하고
꺼진 불도 재빨리 다시 봐야 합니다.

꺼졌다고 생각하고 뒤돌아섰는데
작은 불씨가 다시 살아서 전체를 불태울 수도 있고
바늘 도둑이 소 도둑 되어 달려들 수도 있기 때문입니다.

서둘러 어두운 등잔불 밑도 살펴야 합니다.
가깝고 친하다고 생각하고는 믿고 맡겼었는데
생각지도 않은 일들로 일터를 풍비박산 낼 수도 있고
믿었던 도끼에 발등이 찍힐 수도 있기 때문입니다.

무엇하나 빠짐없이 완벽해야 합니다.
작은 구멍이라고 하찮게 생각하고 방치하면
냅다 튀어나오거나 달려들어 뒤통수를 칠 수도 있고
거대한 댐도 무너뜨리고 화려한 주변도 침몰시킬 수 있습니다.
그래서 하나부터 열까지 철저히 살펴보고
소소한 구멍이라도 생기지 못하도록 다독여야 합니다.

운명같은 대물림

"왜 그렇게 살아. 난 절대 그렇게는 안 살 거예요."

"너도 똑같은 자식 낳아서 키워보면 알거다."

부모와 아이는 투덜거립니다.

그러는 사이에 자식은 성장을 해서 부모가 되어 있습니다.

그리고는 다시 반복을 합니다.

"왜 그렇게 살아. 난 절대 그렇게는 안 살 거예요."

"너도 똑같은 자식 낳아서 키워보면 알거다."

이렇듯 부모와 자식으로 이어지는 가족들은

왜 계속해서 갈등을 반복하고 있는 것일까요?

첫 번째는 부모의 유전인자를 물려받았다는 것이고

두 번째는 부모 밑에서 자라다보니

가정 환경에 영향을 받아 무의식 속의 나를 부모와 닮게

만들어가고 있기 때문입니다.

그래서 부모가 스트레스를 받으면 손자까지 유전된다는

최근 연구 결과도 사뭇 흥미롭습니다.

그렇다면 어떤 방법을 찾아 봐야 운명같은 대물림을 끊고
자녀와의 좋은 인연을 이어갈 수 있을까요?

첫 번째는 이를 악물고
살을 깎아내는 아픔을 이겨낼 각오로 노력해야 하는 것이고
두 번째는 나쁜 중독을 유발하는 것들은
의도적으로 피해야 합니다.
예를 들어 술이 원인이었다면
술집에는 근처도 가지 않고, 술병만 봐도 넌더리를 내야만
나쁜 대물림을 끊어버리고
새로운 인연을 만들어 갈 수 있습니다.
그 정도 노력을 하지 않으면
운명처럼 다가와 숙명처럼 평생을 괴롭힌다는 것입니다.
감히 장담컨대 나쁜 운명에서 벗어나려면
살을 깎아내는 아픔으로 노력하는 방법밖에 없습니다.

불안 대처법

심장 박동이 증가하고 호흡이 빨라집니다.
땀도 많이 흘리고 무력감을 느끼기도 합니다.
불안한 것입니다.
마음이 불안하면 몸도 불안해집니다.
그런데 철학자이자 사회학자인
레나타 살레츨은 『불안들』이라는 책에서
'불안을 없애려고 하는 사람들의 과도한 시도가
오히려 더 불안을 초래한다'고 말했습니다.
정말 불안은 없애려고 하는데서 비롯된 것은 아닐까요?
혹은 행복처럼 불안도 집착하고 있는 것은 아닐까요?

이제부터 불안에 대한 생각을 바꿔보세요.
불안은 우리가 살아가는데 있어서
꼭 없애야 하는 것이 아니라
생존의 필수조건으로 받아들이는 것입니다.
실제로 일을 추진하는데 있어서 적절한 불안과 스트레스는 긍정적 효과를 주기도 하기 때문입니다.

지레 겁부터 낼 필요는 없다고 봅니다.
마음을 옆으로 살짝 틀어 '덤빌 테면 덤벼봐.
절대 겁나지 않아' 하면서 부딪쳐 보면 됩니다.
그 동안은 가보지 않은 길이라 두려운 것이고
집착하고 있었던 것이기에 무력감을 느꼈던 것뿐입니다.

지금부터는 불안을 나에게 이익이나 발전
혹은 변화를 가져오는 것으로 생각하고 받아들이는 것입니다.
그렇게 불안을 받아들인다면
앞으로는 용암 같은 불안으로부터 벗어나서
자유롭고 즐거운 삶을 살게 될 것입니다.

발자국

사람은
두 발로 걸어갑니다.
뚜벅뚜벅 걸어가는 사람도 있고
힘차게 달려 나가는 사람도 있습니다.
정상적으로 걸어가는 사람들은
그렇게 걷고 달려서 순리대로 인생길을 걸어갑니다.

재물은
네 발로 걸어갑니다.
사람이 알아채고 달려들면 쏜살같이 달아나고
모르고 따라오면 천천히 걸어갑니다.
묵묵히 걸어가는 사람들은
그렇게 걷고 달려서 성공과 명예의 인생길을 걸어갑니다.

문제는 돈을 쫓아 불나방처럼 달려드는 사람들입니다.
이들에게 돈은 신기루처럼 솟아오른 듯 하지만

잡으려고 하면 갑자기 사라져 버리는 헛꿈인 것입니다.
눈은 안대를 찬 듯 앞뒤 분간하지 못하고
귀는 귀마개로 막은 듯 허우적거립니다.
결국에는 입만 살아서 큰소리를 뻥뻥 치다가
돌이킬 수 없는 인생길로 걸어간다는 것입니다.

재물이 나쁘다는 것은 아닙니다.
정신을 못 차리고 돈과 재물에 환장한 사람처럼
열 발자국씩 건너 뛰어 달려들었다는 것이 문제입니다.

해법이 없는 것은 아닙니다.
사람은 두 발로 걸으니 순리대로 두 발로 걸어
두 발자국씩 흔적을 남기면서 재물도 얻고 명예도 남기며
인생길을 걸어가면 되는 것입니다.

무소유

무소유라는 말이 있습니다.
물질을 소유하지 말라는 뜻이 아니라
소유한 것을 잊고 살라는 말입니다.
내가 가지고 있는 토지와 건물
혹은 주식들에 대해서 집착하면 안 된다는 것입니다.

가난하게 살라는 말이 있습니다.
정말 구질구질하게 살라는 뜻이 아니라
졸부처럼 살지 말라는 것입니다.
내가 가지고 있는 재물에 집착하지 말고
도덕에 가치를 두고 살라는 것입니다.

사람들의 마음 안에는
양심만큼 욕심도 자리 잡고 있습니다.
양심만 가득하면 좋겠지만
욕심이 없으면 현대 사회를 살아갈 수 없기에

욕심도 있어야 하고 당연히 물질도 있어야 합니다.

다만 물질에 집착하다 보면

양심의 잣대가 한쪽으로 치우치게 되고

욕심이 점점더 자라서 탐욕인지 모르고 행동하다가

사회적 물의를 일으키게 된다는 것입니다.

무소유(無所有)는

재산이 많고 적음이 아니라 내가 가지고 있는 것들에 대해서

집착을 하느냐 안 하느냐 하는 문제입니다.

내가 가지고 있는 물질들에 대해서

집착을 하지 않는다면 문제가 될 것은 없습니다.

이러한 무소유를 몸소 실천하며 살아간다면

물질이 있고 없고를 떠나서

모든 것이 존재하는 것처럼 마음이 풍요로울 수 있고

끊임없는 소유욕에서도 벗어나

진정한 평화와 마음의 자유를 얻을 수 있으니

남들이 존경하는 인생의 부자로

하루하루가 평온하고 행복하며

즐겁다 할 것입니다.

인생은 마라톤처럼

100미터 달리기 구간의 속도보다
200미터 달리기 구간의 속도가 더 빠르다고 해요.
물론 400미터 달리기가 육상의 백미랍니다.

인생도
그렇다는 생각이 듭니다.

처음 출발할 때는
어리둥절하며 속도를 내지 못하지만
달리다 보면 가속도가 붙어서
출발선을 멀찌감치 벗어나 달리고 있습니다.

직선과 곡선 구간을 무사히 통과한 경험으로
400미터 트랙 정도는 너끈히 달려갈 힘이 생기고
달리면서 용하게 잘 이겨낸 모습을 보면서
42.195킬로미터 마라톤도 해낼 수 있다는 용기도 생깁니다.

마라톤을 완주하고
또다시 달리고 달리다보면
백세 인생의 트랙 정도는 멋지게 통과할 수 있다는
꿈과 희망이 가득하겠지요.

그러나 제한 속도를 넘기거나
과속을 하면 안됩니다.

인생은
마라톤 풀코스처럼
방향과 속도를 조절하는 것이
백미랍니다.

고독력

방치하면
암보다 무서운 질병입니다.

그럼에도 불구하고 암보험은 들면서
고독력을 키우기 위한 보험은 들지 않습니다.

혼자 밥을 먹는 것도 두려워하고
혼자 여행을 다니는 것도 무서워하며
혼자 집에 있는 것도 외로워하면서 말입니다.

고독력은
허허벌판에 홀로 서 있는
외로운 사람을 말하는 것이 아닙니다.

고독력은
내가 중심이 되어 살아가는 것을 말하는 것입니다.

그래서 외로움을 한 단계 승화시켜
나 홀로 인생과 당당히 맞서 나가는 것입니다.

역설적이게도 자신의 꿈을 이룬 사람들은
고독했고 호젓한 자기만의 세계를 추구했다고 합니다.

혼자 여행을
떠난다고 무서워하지 마십시오.

혼자 여행을 떠나기 때문에
상상력이 풍부해질 수 있다고 생각을 바꾸십시오.
그래야만 고독하되 고립되지 않고
먹고 사는 일과 일상적인 욕구를 뛰어 넘어
꿈을 이룰 수 있습니다.

두 얼굴의 나

고정관념은
내 안의 또 하나의 나입니다.
그래서 고정관념이란 참으로 두렵고 무섭습니다.

현실을 제대로 지각하지 못하거나
그 의미를 왜곡하여 받아들이는
인지적 오류를 범하니까 말입니다.
그러다 보니 흑백 논리로 세상을 바라보고
한두 가지를 가지고 전체를 이야기하는 것은 물론
사건의 주된 내용은 무시하고
특정한 정보만으로 전체를 해석하기도 하고
마음대로 의미를 축소하거나 확대해서
성급한 결론을 내리기도 합니다.

고정관념은
두 얼굴을 하고 있는 내 안의 또 다른 나입니다.

그래서 고정관념은 시간이 지날수록 걱정입니다.

상대방의 말을 제대로 들으려 하지 않거나
들어도 한 귀로 듣고 한 귀로 흘러버리는
벽창호 같은 고집을 범하니까 말입니다.
그러다 보니 스스로 하는 일은 모두 맞다면서
완고하고 우둔하게 버팅기는 것은 물론
변화의 소용돌이가 몰아쳐도 움직일 생각을 하지 않고
제멋대로 행동하거나 도무지 말이 통하지 않아
되레 아무 일도 할 수 없다고 화를 내면서
끝까지 변화하지 않으려고만 합니다.

젊었을 때는 그런대로 수정해서 사용하려고도 하고
옳다 싶으면 받아들여 내 것으로 만드니 잘 넘어갑니다.
문제는 나이가 들어가면서 쌓였던 경험들이

딱딱한 돌처럼 굳어지기 시작하면서부터입니다.
내가 싫다고 하면 무조건 싫은 것이고
내가 마음에 들지 않으면 상대방도 무조건 마음에 들지 않아야
좋은 가족이고 친구라고 생각한다는 것입니다.

문제는 상대방도 그렇게 생각하는가입니다.
혹시 비위맞추기가 힘들고 고달프다고는 하지 않을까요?
가족과 친구가 떠나는 것이 아닌
떠나게 만들고 있었던 것은 아닐까요?

이번 기회에
두 얼굴의 내가 있는지 둘러보고 살펴보세요.
그리고 정말 나도 모르는 사이 두 얼굴의 내가 있다면
왜곡된 생각에서 머물지 않도록
그에게 도와달라고 요청해보세요.
그도 또 다른 나이기에 모른 척하지는 않을 것입니다.

그와 내가 하나가 될 때
가족과 친구들은 다가와서 손을 잡을 것이고
멀리서 지켜보고 있던 이웃과 사회도
더불어 함께 걸어가자며 어깨동무를 할 것입니다.

유레카

하루 종일 정신없이
바쁘게 지낸 적이 있었습니다.
일주일이 하루 같고 한 달이 일주일처럼 조여드는 압박감이
턱밑까지 차오른 것이었습니다.
당연히 중요한 일들은
뒤로 미루고 급한 일들만 해결하기도 벅찼지요.

"아빠 영화 보러 안 갈 거예요?"
"정말 오늘도 안 가면 나 삐진다."
"아빠, 정말 이번 주에도 영화 보러 안 가면 화낼 거다."

아무리 협박을 해도
자리에서 일어설 수가 없었습니다.

왜냐하면 집필하고 있던 원고의 마지막 탈고를
더 이상 미룰 수가 없었고
책 제목도 그때까지 정하지 못했기 때문이었습니다.

물론 딸 아이 입장을 모르는 것은 아닙니다.
아파트 화단에 목련꽃이 피었다 지고
진달래와 철쭉도 피고 진지가 꽤 오래되었는데도 불구하고
중학교 입학 선물로 보기로 한 영화를
그때까지 보러 가지 못했기 때문입니다.

"아빠, 나 뿔났다고요."
"우리 딸이 뿔이 났다고⋯."
"미안 미안⋯. 가만히 있어 봐. 뿔이 났다고. 우리 딸이 뿔⋯."
그렇게 해서 만들어진
제목의 책이 바로 '아이가 뿔났다' 였습니다.

정말 생각지도 않은 순간 "유레카"라고 외쳤지요.
알아냈어. 이거다 하는 것이 떠오른 것이지요.

새로운 것에 대한 아이디어나

창작, 발명, 창의력도 이와 별다르지 않다고 생각합니다.

거대한 것이 아닌

집안에서 살림을 하다가 발견할 수도 있고

길을 거닐거나

일상생활에서 불편한 것들을 개선하고 싶을 때

아이디어가 떠올라 좋은 창작품으로 이어진다는 것입니다.

오늘부터는 건성건성 듣지만 말고

소소한 이야기들에 대해서도 관심을 가져보세요.

오늘부터는 듬성듬성 보지만 말고

작은 일상적인 일들에 대해서도 관심을 가져보세요.

당신의 뉴런들이 부지불식간에 새로움을 찾아 낼 것이고

생각지도 못한 순간 "유레카"라고 외칠 것입니다.

삼시학습

하루 세끼의 밥을 먹습니다.
흔히 '삼시세끼'라는 말을 합니다만
세끼를 챙겨 먹는다는 것은 생각만큼 쉬운 일은 아닙니다.
그럼에도 불구하고 밥을 먹지 않으면
삶을 영위해 나갈 수 없으니 자연스러운 일입니다.

'하루라도 책을 읽지 않으면
입 안에 가시가 돋는다.'라는 말이 있습니다만
책을 매일 읽는다는 것은 생각만큼 쉬운 일은 아닙니다.
그럼에도 불구하고 책을 매일 읽지 않고 딴짓을 하게 되면
도리어 입 안에 가시가 돋으니 책을 읽어야 하는 일이
자연스러운 일이 된다는 것이지요.

문제는 책을 읽는 것을
밥을 먹는 일상이나 습관으로 생각하지 않고
부담으로 느낀다는 것이고 공부도 마찬가지라는 것입니다.

다시 말하면 텔레비전이나 휴대전화만 들고서
진로에 대한 고민만 하고 걱정만 하고 앉아 있으니
성적이 나오지 않는 것은 당연한데
공부를 못한다고만 생각하고 걱정만 한다는 것이지요.

공부는 하루아침에 이루어지는 것이 아닙니다.
물론 머리가 좋아서 책을 한 번만 읽고도
만점을 받는 학생들도 있겠지만
대부분의 학생들은 보고 또 보고를 반복한 결과입니다.

무엇보다 중요한 것은
정도껏 하면 성적을 올릴 수 없다는 것입니다.
누구든지 정도껏 공부는 다 하고 있으니까 말입니다.
그래서 공부는 얼마나 갈망하는가 하는 것으로

남들보다 더 많이 보고 더 열심히 해야 한다는 것이지요.

무엇보다 세심하게 살펴야 하는 것은
공부와 성적은 승강기처럼 타고 올라갈 수 있는 것이 아니라
한 계단을 밟고 올라서고 다시 한참을 노력하다 보면
겨우 한 계단을 밟고 올라서고 한다는 것입니다.
그래서 공부는 얼마나 끈기와 인내가 있는가 하는 것으로
남들보다 더 많이 견디고 더 힘차게 해야 합니다.

국가고시를 통과한
대부분의 공무원들을 보면 IQ는 보통이라고 합니다.
다만 고비를 잘 넘기다 보니 공부가 재미있어졌다는 것입니다.
이렇듯 공부도 재미있어질 수 있고
삼시세끼를 먹듯이 자연스러운 일상이 될 수 있습니다.

공부를 못한다고만 걱정하면서
일찌감치 책을 덮어 두지만 말고 삼시학습에 도전해 보세요.
지금껏 몰랐던 재미가 솔솔 피어올라
삼시세끼 밥을 먹는 것만큼 책을 읽고 공부하는 일들에
풍덩 빠져 매 순간 행복하고 즐거워질 것입니다.

똑 같아요

'인생은 멀리서 보면 희극이지만
가까이서 보면 비극이다.' 찰리 채플린의 말입니다.

찰리 채플린이 연출하고 직접 주연을 맡은
1936년 '모던타임즈'라는 무성영화를 보면
산업화로 인한 인간성 상실을 코믹하게 담고 있기에
충분히 경험에서 묻어 나온 말이라는 생각이 듭니다.

우리네 삶도 그렇습니다.
남들은 아무 걱정도 없이 잘 되기만 한다고 생각합니다.

SNS에 올라오는 글과 사진들을 읽어 봐도 부럽고
해외여행을 다녀왔다면서 전화를 걸어서는
선물은 사다주지 않으면서 자랑만 하는 것도 부럽습니다.
그런데 자세히 들여다보면
몇 달 만에 한 번 열린 가족 식사 자리였고
평생 한 번 다녀온 해외여행일 수도 있다는 것입니다.
그럼에도 불구하고 우린 현재 상황만 보고
먹고 싶다거나 가보고 싶다면서 부러워합니다.
그리고는 자신은 되는 일도 드물고
좋은 일들보다도 견뎌내야 하는 일들이 더 많다고 투덜대면서
주변을 원망합니다.

찰나 정도 혹은 넉넉히 베풀어서 10분 정도는
부러워하고 질투해도 괜찮습니다.

그런데 말입니다.
사람들이 나쁜 일들을 글과 사진으로 남길까요?
밥 먹듯이 다녀온 해외여행이라면 전화를 걸어서 자랑할까요?
절대 그렇지 않다는 것입니다.
일부분은 허구를 예쁘게 포장해서 올린 글과 사진일 수 있는데
지레 짐작으로 부러워한다는 것입니다.

간혹 사실일 수도 있습니다.

그렇다면 오죽 자랑하고 싶어서 그랬을까

통 크게 생각하고 살짝 선풀도 달아주고

주눅 들지 말고 맞장구도 쳐주고 고개도 끄덕여 주세요.

그럼 한결 가벼워지고 마음의 여유가 생길 것입니다.

아무리 그래도 부럽다고요?

그렇다면 '실망과 근심으로 가득한 세상에서

절망에 빠지지 않기 위해 선택할 수 있는 탈출구는

철학이나 유머에 의지하는 것이다.' 라는

찰리 채플린의 노년의 말을 다시 떠올려 보면 어떨까요?

예쁘고 행복하기만 한 삶은 허구라는 것과

지지구 볶고 싸우는 것도 불행한 것만은 아니라는

삶의 필름이 다시 돌아갈 것입니다.

그리고 말합니다. 별반 다른 것 없이 똑같다고요.

안전과 위험사이

1976년 시카고 대학
샘 펠츠만(Sam Peltzman) 경제학 교수는
'펠츠만 효과'를 발표했습니다.

'펠츠만 효과'는 안전벨트와 에어백 같은
안전 기술을 장착하도록 의무화했지만
운전자들이 기술의 안정성만을 믿고 더 빨리 주행하고
난폭하게 운전을 하기 때문에
도로는 전혀 안전하지 않다는 것이었습니다.

'펠츠만 효과'는 이뿐만이 아닙니다.
수영을 잘 하는 사람이
물에 빠져 목숨을 잃는 경우도 종종 있습니다.
위험하니 뛰지 말라고 하고
다치면 안 되니 조심하라고 해도
건강해서 끄떡없다고 하고 성능이 향상되어 괜찮다고 하다가

병원 신세를 지는 경우도 많습니다.

금융 위기가 왔을 때

파생상품을 과신한 나머지 방만하게 투자하다가

결국에는 파국을 맞이하는 경우도 있지요.

위험하다고 하면

100% 안전한 곳이 없다고 말합니다.

양심껏 투자해야지 욕심을 갖고 투기하다가

거지 신세 된다고 하면

세상물정 모른다고 말합니다.

할 말은 없습니다.

일정 부분은 사실일지도 모르기 때문입니다.

그럼에도 불구하고 돌다리도 두들겨보고 건너고

아는 길도 물어서 가라고 말하는 것은
감정과 이성을 가지고 사람들이 살아가는 세상에 있어서
신기술의 개발이나 프로그램의 혁신이
만사형통은 아니기 때문입니다.

신차 발표 이후 얼마 지나지 않아
자동차 결함으로 리콜하는 상황을 봐도 그렇고
21세기 최고의 발명품으로 꼽히는 휴대전화만 봐도
충전기 및 배터리 사용주의보를 자주 듣게 된다는 것입니다.
최신 제품에 최고 성능이라고 생각하지만
애석하게도 리콜과 사용주의보와 마주한다는 것이지요.

새로 나온 제품이라도
기존의 제품보다 무엇이 향상되었는지 꼼꼼히 살피고
위험한 것은 없는지 점검하고 사용해야 하듯이
삶을 살아갈 때도
새로운 것에 현혹되어 덥썩 잡거나
고수익을 보장한다는 말에 묻지도 따지지도 않고 투자했다가
전 재산을 날리는 억울한 일을 범하지 않도록
안전과 위험 사이에서 섣부른 결정을 하지 말고
늘 살피고 점검해서 올바른 쪽을 선택해야 합니다.

독수리 타법

"타닥타닥 탁탁탁…."

타자 소리입니다.

소리만 듣고 있으면 600타는 족히 넘을 거라는 생각이 듭니다.

아마 저 정도 되니깐

워드프로세서와 컴퓨터 활용능력

그리고 ITQ 자격증도 땄을 거라고 생각했습니다.

그러던 어느 날 옆을 지나가게 되었습니다.

그리고 우연히 자판을

두드리는 것을 보았습니다.

흔히 말하는 독수리 타법이었습니다.

처음에는 쳐다보고 있는

내 눈을 의심할 정도로

놀라지 않을 수 없었습니다.

어떻게 독수리타법으로

자격증을 취득했을까?
아니 독수리타법으로 자격증에 도전하겠다는 생각을 했을까?
궁금하지 않을 수 없어서 조심스럽게 물어 보았습니다.

대답은 일목요연했습니다.
처음에는 컴퓨터를 만지는 것조차 힘들었다고 합니다.
켜고 끄는 것조차 두려웠다고도 합니다.
그러다가 블로그와 카페에 가입을 하고 댓글을 달게 되면서
하나 둘 글을 올리기 시작했다는 것입니다.

물론 처음 시작은
서너 줄 정도의 짧은 글이었다고 합니다.
글을 쓰다 보니 재주가 있는 것이 아닌가 하는 생각이 들어
문서파일을 열어 끼적거리게 되었고
도서관에 가서 관심 있는 작가들의 책도 읽어보게 되었으며
글 쓰는 강좌를 신청해서 듣기도 하고
혹시나 하는 생각에 문학공모전이나 신춘문예도 응시하면서
10년이라는 시간이 흘렀다고 합니다.
그 사이 작가의 꿈은 이루지 못했지만
타이핑 속도는 워드프로세서 자격증을 취득할 만큼
실력이 향상되었다는 것입니다.

중간에 포기할까 봐 겁이 난다고요?
한 분야의 전문가가 되고 명인이 되는 일이 불가능하다고요?

숲길을 걸어보지도 않고 건강에 도움이 안 된다고 하거나
음식을 먹어보지도 않고 맛이 없다고 말하는 것처럼
문제는 시작도 해보지 않고
미리 결과를 부정적으로 단정 짓는다는 것입니다.

하고 싶은 일이 있다면
주저하지 말고 도전해 보십시오.
배우면서 고비가 오면 옆 사람에게 물어보고
한 걸음 나아가다가 새로운 것을 만나면
두 눈을 번쩍 뜨고 가져와서 내 것으로 흡수하세요.
만약 소질이 발견되면 주변의 도움을 받아서
한 걸음 더 전진해보세요.
상상하지 못했던 순간
전문가이자 명인으로서
우뚝 서 있는
또 다른 자신과
만나게 될 것입니다.

지혜의 근원

일요일 오후였습니다.

국가대표 축구경기가 한참 진행되고 있었습니다.

시선이 경기장으로 쏠리는 것은 당연하다 할 것입니다.

2002년 월드컵 4강에 오른 덕분에

가족들은 축구 규칙을 알고 있었고 국가대항 정도는

둘러앉아 보게 되었습니다.

문제는 텔레비전 채널이었습니다.

각자 선호하는 해설가가 따로 있었던 것입니다.

그러다 보니 양쪽을 오가며 보게 되었고

그 과정에서 알게 된 것은 공격수와

미드필더 수비수 출신의 축구 해설의 차이점이었습니다.

예를 들면 축구 경기에서

미드필더 수비수가 공을 몰고 가다가

상대편 수비수를 뚫고 문전으로 패스한 공을

공격수가 골로 연결했습니다.

골을 넣은 선수가 주목을 받게 되고
이름이 호명되는 것은 물론
통산 기록과 최근의 근황이 소개되는 것은 당연한 것이지요.
그런데 미드필더 수비수 출신 해설가는
공격수에게 공을 패스해준 수비수를 더 칭찬하는 것이었습니다.
바로 개인의 노력과
수많은 전술적 변화과정에서 찾아낸 경험인 것이지요.

경험은 어떤 상황이 닥쳐오거나
악조건이 도래한다고 하더라도 사물의 이치를 빨리 깨닫고
사물을 정확하게 처리할 수 있는
지혜의 근원으로 내 안에 두고 있기에
미지의 인생길을 간다고 하더라도 경험으로 얻은 지혜만 있다면
불안해하지 않아도 됩니다.

적자생존

차를 타고 강의를 가다가
창밖으로 '메타인지' 라는 간판을 봤습니다.
그럼 녹음 창을 열어
'강남 메타인지' 라고 간단하게 녹음합니다.

방송을 보고 있다가 토론자들 중
한 사람이 '미러뉴런' 에 대한 이야기를 했습니다.
그럼 메모 창을 열어 'EBS, 미러뉴런' 이라고
요점만 적어 놓습니다.

책을 읽어 내려가다가 '화이부동' 이라는 글을 읽게 되었습니다.
그럼 메모 창을 열어 '공자 논어 화이부동 동이불화' 라고
연관된 단어와 같이 적어 놓습니다.

종이를 꺼낼 필요도 없고 연필을 집어 들 필요도 없으며
수첩을 들고 다닐 필요도 없습니다.

휴대전화 하나면 해결되는 시대가 왔습니다.

그럼에도 불구하고 예전에도 하지 못했으므로

현재도 할 수 없다고 지레짐작을 하고는 하지 않으려고 합니다.

그 결과 값비싼 휴대전화의 편리함을 활용하지 못한채

좋은 기능만 낭비하고 있는 것이지요.

지금부터 메모하는 습관을 길러 보십시오.

보고 듣는 것, 생각하고 느끼는 것을 메모하다 보면

누구나 할 수 있는 것이 아닌

자신만의 독립된 개성을 표출하게 되어

곧 누구나 작가가 되고 사업가가 되고 발명가가 되고

지도자가 될 수 있습니다.

적자생존시대에

글을 적고 메모한다는 것은 생존만큼 절박할 수 있습니다.

내려 놓기

회사에서 일을 할 때는
오늘 집에 가서
가족들과 무엇을 하며 재미있게 지낼까 하는
고민이 바다만큼 깊습니다.

집에서 가족들과 휴식을 취할 때는
내일 회사에 가서
직원들과 어떤 프로젝트부터 진행을 할까 하는
걱정이 태산만큼 높습니다.

고민이 바다만큼 깊고 걱정이 태산만큼 높으니
바쁘고 정신이 없습니다.

회사에 출근해서는
회사 일만 해도 벅찬데 집안일까지 고민해야 하니 말입니다.
집으로 퇴근해서는

휴식을 취하거나 가족들과 웃음꽃을 피우며
편안하게 쉬어야 하는데
내일 출근해서 해야 할 일들로 걱정이 태산 같으니 말입니다.

정신없이 하루하루를 살아가는 것을 보면
황금올가미를 지닌 원더우먼도 월등한 스피드를 지닌 슈퍼맨을
데려다 놓는다고 해도 이겨낼 재간이 없을 것입니다.

문제는 생각만큼 결과물이 보이지 않는다는 것입니다.
오늘부터는 모든 것을 짊어지고
이리 뛰어다니고 저리 뛰어다니면서
몸 따로 마음 따로 헤매이지 말고
선택한 것 이외에는 내려놓기를 해보세요.

회사에 출근하면 온전히 깨어서
회사의 업무와 프로젝트만 집중해 보세요.
회사의 업무는
자연스럽게 속도를 낼 것이고
시간적으로도 여유가 생겨서
친구가 전화를 걸어와
얼굴 한번 보자고 하면

이전처럼 거래처에 가야 한다고
핑계를 대지 않아도 된다는 것입니다.

집으로 퇴근하면
온전히 휴식을 취하거나
가족들과 편안하게 쉬면서 보내세요.
가족들의 만족도는 자연스럽게 높아질 것이고
언제나 옆에서 같이 한다는 믿음을 주고 인정을 받게 되어
자아실현을 위해 호젓한 시간을 갖고자 할 때
이전처럼 지인의 대소사가 있다고
핑계를 대지 않아도 된다는 것입니다.

지금 이 순간부터는
소모적인 생각을 내려 놓으세요.

내려 놓기는
회사에서는 일의 능률을 높여주고
가족에게는 행복과 즐거움을 주는 동시에
스스로에게는 깨어있는 삶의 시작이자
성공으로 가는 행복의 지름길이기 때문입니다.

광풍과 역풍

'응답하라 1988'을 보고 있으니

그 당시에 은행금리가 17% 정도 되었다고 합니다.

기억이 정확하진 않지만 은행금리가 높았던 것은 맞습니다.

은행 금리뿐만 아니라

아파트 당첨도 로또라고 불리었던 시절입니다.

그때는 정말 그랬습니다.

하루 이틀도 아니고 오랫동안 반복해 온 것이었지요.

산업화 세대와 민주화 세대들에게는 말입니다.

문제는 현재입니다.
대부분의 사람들은 지나친 자신감을 가지고 있어서
행운이 찾아올 가능성은 과대평가하고
불운이 찾아올 가능성은 과소평가한다고 합니다.
그러다 보니 주식 시장에서 상승장이 아님에도 불구하고
어느 정도 이익이 생길 것이라고 과대평가해서
투자했다가 손절매 시기까지 놓쳐 폭락장세에 손실을 보거나
행운당첨인 줄 알고 휴대전화의 소액 결제창을 무심코 눌러
사기를 당했음에도 불구하고
과거에 있었던 광풍의 짜릿함이
현재의 행동과 습관에도 익숙하게 자리 잡고 있어서
청년실업과 불안정취업으로 고민하는 청년세대를 보면
자꾸만 광풍의 잣대를 들이대려고 한다는 것입니다.

그러나 앞으로의 삶은
예전과 같은 광풍이 몰아치지 않는다는 것이고
청년세대들과 엇나가서는 절대 살 수 없다는 것입니다.

이제부터는 청년세대들과 소통하면서
광풍의 현혹에서 벗어 나와 미풍의 소중함에 감사하고
역풍의 충격에서 빗겨나서 순풍의 진리를 찾아내는

지혜가 필요할 때이며
먼저 길을 걸어갔던 산업화 세대와 민주화 세대들이
실행에 옮겨야 한다는 것입니다.

높은 은행 금리는 광풍이기만 했을까요?
혹시 시간이 지난 뒤 역풍으로 다가온 것은 아닐까요?

확실한 것은 산업화 세대와 민주화 세대들의 기준으로
청년세대를 잡아끌고 앞으로만
나가려고 하면 안된다는 것입니다.
지금 세계 경제는
예측만 할 뿐 장담할 수는 없지만
산업화 시대처럼 광풍이 불지는 않는다는 것이기에
모든 세대들이 다함께 서로 손잡고
양보하고 타협해서 소통해 나간다면
광풍은 아니더라도 역풍은 당하지 않을 것입니다.

사람 중심 사회

모든 사람들에게
사람 중심 사회가 찾아 왔으면 합니다.
인재사고로 인해 마음을 다치거나 아까운 목숨을 잃지 않고
수평적 연대를 이뤄나가는 사람 중심 사회 말입니다.

오늘 하루 동안 스스로 행복하게 지낸 것을 가족으로 옮겨가고
오늘 하루 동안 가족과 행복하게 지낸 것을 이웃으로 옮겨가고
오늘 하루 동안 이웃과 행복하게 지낸 것을
사회로 옮겨가는 행복한 사람 중심 사회 말입니다.

모든 사회 구성원들에게
나쁜 사람이 누구인지 모를 정도로 정의롭고 지혜로운
사람 중심 사회가 찾아 왔으면 좋겠습니다.

사회 구성원 한 사람 한 사람이 중심이 되어
이웃과 손잡고 행복하게 지낸 것을 지구로 옮겨가고

사회 구성원 한 사람 한 사람이 중심이 되어

지구와 손잡고 행복하게 지낸 것을 다시 스스로에게 옮겨가는

수평적 연대를 이뤄나가는 사람 중심 사회 말입니다.

사람 중심 사회가 밝았습니다.

약점이나 부족한 점은 도와주며 채워나가고

허물이나 비밀이 있으면 감싸주고 지켜주며

단점은 맘 상하지 않게 도와주고

장점은 자존감을 높일 수 있도록 말해주며

잘한 일에 대해서는 아낌없이 칭찬을 해주어

너그럽게 베풀어 나가다 보면

기쁨도 슬픔도 사랑도 우정도 모두 사람으로 연결되어 있어서

사랑과 감사가 넘쳐나는 사람 중심 사회에서

웃는 사람들이 많아지게 될 것이기 때문입니다.

제 3 장

삶을 설계하다
희망과 만나다

일상적인 건조한 노력으로는
성공이 존재하지 않듯이
부지런한 사람들에게는 이유 없는 패배도 일어나지 않으며
현실 세계에서 발생하는 성공에는
반드시 인과관계가 있고
성공한 사람에게는
명확하게 드러난 노력이 있습니다.

그릇 찾기

그릇이 있습니다.

여기 밥그릇이 있습니다.

내가 가진 밥그릇보다 많은 밥을 담을 수는 없습니다.

그릇이 있습니다.

여기 국그릇이 있습니다.

내가 가진 국그릇보다 많은 국을 담을 수는 없습니다.

그릇이 있습니다.

여기 나라는 그릇이 있습니다.

어느 때는 세상을 다 얻은 것처럼 즐거워하다가도

어느 때는 세상을 다 잃은 것처럼 슬퍼하기도 하다보니
정작 쓰려고 하면 주인 맘대로 못 쓰는 그릇이 되기도 합니다.

그릇이 있습니다.
여기 나라는 그릇이 마음 안에 있습니다.
욕심이 과하면 배탈이 나기도 하고
양심이 과하면 허기짐으로 허둥대기도 합니다.

욕심과 양심이 균형을 맞추면
밥은 굶기지 않는지 궁금해하지 않아도 되고
민폐는 끼치지 않는지 불안해하지 않아도 되는데
내 안에 같이 들어앉아 있음에도 불구하고
남보다 모르는 사이처럼 삐치고 토라져서 지내다 보니
마음을 어디에 두고 있는지
가장 잘 알기도 하고 가장 잘 모르기도 하니 걱정입니다.

왜 그럴까요?
욕심은 축소 왜곡하다 보니
어리석음의 한계를 스스로 극복하지 못하고
양심은 확대 재생산하다 보니
양심적이라고 스스로 확신하기에 그렇습니다.

문제는 온전치 못한 나를 기준으로 대한다는 것입니다.
종이접기를 잘하고 미술에 소질이 있는 아이에게
수학 점수가 뭐냐면서 당장 미술학원 그만두라고 하기도 하고
체육대회에 참석하는 아이에게 교복은 어디에 두고
체육복을 입고 집을 나서냐며 혼을 내기도 합니다.

그릇이 있습니다.
여기 나라는 그릇이 삶의 이치 안에 있습니다.
밥그릇, 국그릇 크기만큼 담아 먹을 만큼 먹으니
과식하지 않아 좋고
좋아하는 분야를 찾아 즐거워하며 능률이 향상되는 것을 보니
마음이 편안해서 좋고
마음이 편안하니 지금 여기가 행복충전소인양
세상을 다 얻은 것처럼 즐겁습니다.

기운

돈이 없고 **빽**이 없어도
실력마저 등한시하면 안됩니다.
산업화 시대도 민주화 시대도 아니지만
현실을 외면한 채 과거에만 묻혀서 살 수 있는 것도 아닙니다.
현실을 인정하고 기운을 내야 합니다.

시작의 출발은 기운입니다.
그런데 간혹 기운이라는 단어를 합의된 의미가 아닌
각자의 편의대로 판단해서는 입맛에 맞게
기는 버리고 운과 운빨이라고만 생각하고는
물이 들어왔을 때 노를 저어야 한다고 말합니다.
그렇지만 기운은 운과 운빨하고는 다릅니다.
꼭 해내야지 하는
간절함과 절실함이 묻어 있어야 한다는 것입니다.

실력과 현실은 종이 한 장 차이일 수 있지만

시작에 있어서 활기찬 기운은
결과에 도달해서
성공과 실패만큼 분명하고 선명하게 드러난다는 것입니다.

기운을 내십시오.
실력도 키우고 현실도 인정해야 하지만
우선 기운부터 차리고
기운을 받아 기운차게 달려가야 합니다.

기운을 내십시오.
도전하지 않았을 뿐 좌절하고 포기했던 것이 절대 아닙니다.
추운 겨울을 견뎌내기 위해 떨켜층을 만들어 낙엽으로 떨어내는
냉정함을 가진 나무들처럼 살아내기 위해 기다린 것 뿐입니다.
지금부터 새봄 기운을 받아서
열심히 물을 끌어올리고
새싹을 틔우고
엄청난 잎을 피우는 나무들처럼
자리에서 벌떡 일어나서
간절하고 절실하게 기운을 받아서
활기차게 달려가면
반드시 목표를 이룰 수 있습니다.

초심

어지러운
세상은 없습니다.
세상을 어지럽히는 사람만 있을 뿐입니다.

어지러운
가정은 없습니다.
가정을 어지럽히는 사람만 있을 뿐입니다.

세상이 어지러운 것은
아무리 권력이 탐이 나더라도
앉지 말아야 할 자리에 앉았기 때문이고

가정이 어지러운 것은
아무리 가깝고 편한 관계라 하더라도
서로의 인격을 존중하고 배려하는
사랑이 기본이 되지 않았기 때문입니다.

모든 것이 처음부터 그랬던 것은 아닙니다.
처음에는 있는 그대로 인정하고 긍정적인 마음으로
신 나게 살아가다보니 행복했고 즐거웠습니다.

문제는 경계선을 벗어나서
가지 말아야 할 길로 들어서면서부터 세상과 엇나가게 되고
잘못된 길을 가고 있음에도 불구하고
세상을 헤집고 다니면서
가정까지 어지럽게 만들었다는 것입니다.

더 늦기 전에 경계선을 다시 찾고
삶의 중심으로 돌아와야 합니다.
그래서 해 질 녘에서 동틀 때까지 어지러운 마음을 내려놓고
초심으로 돌아가서
있는 그대로 받아들이고
하나씩 둘씩
버릴 것은 버리고 고칠 것은 고치면서
개선해 나갔으면 합니다.
그래야만 가정과 세상이
편안하고 내 삶 또한 행복하고
즐거워지니까 말입니다.

아는 것

고대 그리스의 철학자 소크라테스는 말합니다.
'보통 사람들은 모르고 있다는 사실을 모르지만 나는 내가 모르는 것을 알고 있기 때문에 늘 질문을 던진다' 라고 말입니다.
철학자라고 하면 많은 것을 알고 있다고 내세울 법도 하거늘
겸손하게 자신은 모르는 것이 더 많다고 말합니다.
노나라 시대의 유학자 공자는 말합니다.
'아는 것을 안다고 하고 모르는 것을 모른다고 하는 것이
곧 아는 것이다' 라고 말입니다.
유학자라고 하면 자신이 아는 것을 가지고
사람들에게 설파해도 전혀 손색이 없고 훌륭할 법도 하거늘
모르는 것은 솔직히 모른다고 해야 된다고 말합니다.

그렇다면 이 시점에서 내가 알고 있는 지식이 과연 지혜로
연결될 수 있을 정도로 완벽한지 점검해 볼 필요가 있습니다.
그것을 확인하는 방법은 간단합니다.
유치원생을 앞에 앉혀 놓고 주어진 단어나 물건들을 설명해서

이해하고 있는지를 평가해 보는 것입니다.
얼마전 벤처 기업의 입사 시험문제에
출제되었던 유형 중에 하나이기도 합니다.
막상 유치원생에게 설명해보라고 하면
쉬울 것이라고 생각하겠지만 정확하게 설명하고
설득할 수 있는 사람들은 생각보다 많지 않다고 합니다.
대부분은 명확하게 알지 못하다 보니 중간에 끊어지게 되고
결국에는 허둥대면서 얼버무리게 된다는 것이지요.

알고 있다는 것은 모르는 사람에게도
아주 쉽게 설명할 수 있어야 하고 문제가 생겼을 때도 응용해서
문제를 해결할 수 있을 정도가 되어야 한다는 것입니다.
그럼에도 불구하고 몇 번 만난 것을 가지고 안다고 말하고
인맥을 통해서 모든 것을 해결해줄 것처럼 자랑하다가
막상 조목조목 따져 들어가면 아는 것이 별로 없거나
관점과 입장이 다름을 알고는
뒤늦게 발뺌을 합니다.
아는 것, 안다는 것은 말이나
글로 정확하게 설명할 수 있고
설득할 수 있어야
진짜 아는 것입니다.

속담 속으로

세상의 일들은 그냥 일어나는 사건과 사고는 없습니다.
모든 일은 원인이 있기 때문에 일어나는 것이고
일어났기 때문에 과정과 결과가 있는 것입니다.
가령 물이 흐르는 것은 중력이 작용하기 때문이고
나뭇잎에 단풍이 드는 이유는 색소의 영향이며
철이 붉게 녹스는 이유는 산화작용 때문인 것처럼 말입니다.

우리가 사용하고 있거나 스쳐 지나갔던 속담들도 들여다보면
수천 년 동안 내려온 우리네 삶이 담겨있고
문화가 스며들어 있으며 풍습이 남아 있습니다.
그럼에도 불구하고 어떤 경우는
너무 익숙해서 그냥 지나쳐 버리고
어떤 경우는 너무 생소해서 고개를 갸우뚱거리며
어떤 경우는 너무 합당해서 적재적소에 사용만 할 뿐
속담이 생겨나게 된 유래에 대해서는
깊이 들여다 보지 않는다는 것입니다.

예를 들면 '자라 알 바라보듯'이라는 속담이 있습니다.
자식이나 재물 따위를
다른 곳에 두고 잊지 못하고 생각할 때 쓰는 말이지요.
그러나 유래를 살펴보면
그 의미가 더 깊이 와 닿는 속담입니다.
자라는 모래밭 속에 알을 낳은 다음
마음이 놓이지 않아 곁에서
늘 지켜보는 습성이 있는데 이에 기인한 것이기 때문입니다.

오늘부터는
우리네 삶이 담겨져 있는
속담 속으로 풍덩 빠져보세요.

모르고 볼 때는 시시해 보여도
알고 들여다 보면
마음을 짠하게 만드는
우리네 삶이자 이야기들이
진국처럼 묻어 있으니
말입니다.

이유 있는 노력

노력한 사람들이 모두 성공한 것은 아니지만
성공한 사람들을 들여다보면 모두 이유 있는 노력을 했습니다.

성공한 사람들은
밤잠을 설쳐가면서 일을 하기도 하고
자료 속에 파묻혀 창작 의욕을 불태우기도 했으며
세상 사람들과 소통하기 위해
지구를 수없이 돌고 돌았다고 합니다.
그런데도 불구하고 우린 결과만 보고 환호를 합니다.
어떤 일의 원인이 눈에 보이지 않거나
쉽게 드러나지 않는다고 해서 이유 없는 결과가
만들어진 것은 아닐 텐데도 말입니다.

더욱이 성공한 사람들이 모두 힘든 과정을 겪은 것은 아니지만
성공하기까지 실패의 쓴맛도 보았고
큰 성공을 이루기 위해서는 작은 성공을 거듭했으며

일상적이고 건조한 노력이 아닌
이유 있는 노력을 했다는 것입니다.
그 결과 성공을 이뤄낸 사람들은
또 다른 성공도 이뤄낼 수 있다는 자신감으로
도전을 두려워하지 않는다는 것이지요.

만일 여러분이 성공으로 가는 과정에 있다면
실패를 하더라도 좌절하지 말고 끝까지 도전해 보세요.

그리고 여러분이 성공한 사람이라면
도전하는 사람들로 하여금 기회를 잡고 올라올 수 있도록
성장 사다리를 내려주세요.
그래야 그들이 허둥대지 않고 성공을 향한
이유 있는 노력을 계속할 수 있기 때문입니다.

행복채우기

일을 선택할 때
중요하게 생각하는 것은 적성과 흥미입니다.
그렇다면 평생의 직업을 선택할 때
중요하게 생각하는 것은 무엇일까요?
아마도 행복과 즐거움이지 않나 하는 생각을 해봅니다.
전국을 돌아다니면서 강연을 할 수 있고
하루 몇 번의 강의에도 피곤함을 모르고 지낼 수 있었던 것도
바로 행복과 즐거움이 있었기에 가능한 것이었습니다.

그러던 어느 날이었습니다.
대구, 구미, 대전에 강의가 있던 날
대구와 구미에서 강의를 마치고 대전으로 이동하던 중이었는데
머리가 무거워지고 앞이 잘 보이지 않는 것이었습니다.
급기야 운전을 할 수 없는 상황에 이르러
잠시 자동차 이동을 멈추고 휴게소에서 휴식을 취했으나
나아질 기미가 보이지 않아서 대전교육을 취소하고

병원에 입원을 했는데, 질병의 유발요인이 너무 잘 먹어서
생긴 병이라고 해서 당황하지 않을 수 없었습니다.
시도 때도 없이 고기반찬을 좋아했고 식탐이 많다보니
아내가 해주는 음식은 늘 남김없이 깨끗하게 비웠으며
또한 사람들을 좋아하다 보니 술을 친구처럼 사귀었습니다.
잘 먹고 많이 먹다보니 몸무게는 결혼할 때보다 많이 늘어
몸은 비대해졌고 결국 병원신세를 지게 된 것입니다.

병원에 입원하고 보니
행복과 즐거움에 대한 고민을 하지 않을 수 없었습니다.
고기반찬을 좋아하지만 먹고 돌아서면 괴로워했고
스스로도 만족하지 못하니 일상생활이 즐겁지가 않았으며
짜증만 점점 늘어나니 가족들은 걱정하기 시작했고
건강도 신경쓰지 않을 수 없어
한동안 작심삼일을 반복했지요.

솔직히 좋아하는 것을
버린다는 것이 쉽지 않았지만
아이가 학원에 안가고
들켰을 때 하는 변명을
스스로 하고 있더라고요.

이러면 안되겠다 싶어서 가족의 도움을 받기로 하고
음식 먹는 순서부터 상차림을 바꾸기로 했습니다.
물과 과일과 샐러드부터 먹고 어느 정도 포만감이 느껴지면
싱겁게 요리한 반찬을 먹되 고기반찬은 마지막으로 미뤘지요.
그 결과 시간이 지나면서 자연스럽게 고기반찬을 내려놓고
채소로 대신할 수 있었으며
친구처럼 가까이 했던 술도 피하게 되었습니다.
1년 2개월 동안의 뼈를 깎는 자구 노력으로
살은 빠지고 혈압과 혈당은 정상으로 돌아왔으며
검고 푸석한 피부도 점점 좋아져서
건강의 소중함을 얻게 되었고 내가 행복해야 가족도 행복하다는
가족의 귀함도 알게 되었지요.

좋아하는 것이 미래를 불행하게 만든다면
과감하게 정리하고 비우는 용기와 떠나보낼 채비가 필요합니다.
미련이 남아 식탐을 놓지 않으면 건강을 잃듯이
일상생활에서도 미니멀라이프(Minimal Life)를 실천해 보세요.
왜냐하면 버리고 비우면 불행해질 것이라고 생각하지만
막상 버리고 비웠더니 행복이 찾아왔다고 하잖아요.
집착하는 동안 들어갈 공간이 없어서 잊고 있었을 뿐
막상 비워두면 또 다른 행복채우기가 시작되기 때문입니다.

감정 치유

2016년 3월에 바둑 챔피언 이세돌 9단과
구글 딥마인드(Google DeepMind)의 인공지능 바둑 프로그램
'알파고(AlphaGo)'의 대국이 열렸습니다.
예상과는 달리 알파고가 첫 승을 거뒀습니다.
1국과 2국을 진행하면서 알파고의 약점이 점점 드러나긴 했지만
이세돌은 3국에서 패하고 난 후 "이세돌이 패한 것일 뿐
인간이 패한 것은 아니다"라는 말을 남기며
4국과 5국도 지켜봐 달라고 했습니다.
그리고 그날 저녁 동료 프로기사들과 실리작전을 연구한 후
마침내 4국을 이겼습니다.
사람들은 신의 한수에 대해서 환호했고 감정이 없는
컴퓨터와의 싸움에 대한
분석을 내놓기 시작했습니다.

2006년 7월에 개봉한
봉준호 감독의 [괴물]이라는 영화를 만들 때

괴물 제작진들은 수없이 많은 나라를 돌아다니면서
괴물의 목소리로 사용할 소리들을 찾아보았지만
괴물의 감정을 담아낼 수 없어서
결국 오달수씨가 괴물 목소리로 참여하게 되었다고 했습니다.
2011년 7월에 평창 동계올림픽 유치위원회 일원으로 참석한
나승연 대변인이 최종 프리젠테이션 직후 인터뷰에서
판에 박힌 프리젠테이션보다는 좀 서툴더라도 감정을 나누고
인간미가 넘칠 때 큰 공감을 하게 된다고 했습니다.

이렇듯 우리들이 살아가는 세상은
고정되거나 틀에 박히지 않은 것이 존재하고
그 중심에 사람의 감정이 있습니다.
법원의 판결문을 읽어보더라도
법 조항을 곧이곧대로 반영한 것보다
판사의 인간미가 드러날 때 우린 환호하게 되며
컴퓨터로 입력된 헌법이나 법률조항 위에
국민정서법이 존재해야 하는 이유이기도 합니다.

감정은 자기로부터 떠나 여행하면서 세상과 대화하는 것으로
성공과는 거리가 멀 거라고 생각합니다.
그래서 욕구를 참고 감정을 통제하며 위계적이고

몰인정해야 성공할 확률이 높다고 생각하지요.

그러나 실제 성공한 사람들을 만나보면

풍부한 감수성과 솔직한 감정을 가지고 있습니다.

또한 대중화된 제품들도 감정 코드가 접목될 때

성공할 확률이 높다고 합니다.

반대로 감정을 표현하지 않고 사는 경우에는

당장은 갈등을 피할 수 있을지 모르지만

자로 잰 듯 인정 없어 보이다 보니

점점 사회적 존재감마저 사라져 버리게 됩니다.

사람이 살아가는 세상에서

인공지능 알파고의 등장이 두렵긴 하지만 겁나지 않는 이유는

바로 빈틈을 보일지라도 손을 잡아주고 싶을 정도로

공감을 만들어 낼 줄 아는 인간미가 있고

즐거움, 슬픔, 분노, 공포, 짜증의 감정을 가지고

고정되지 않은 해법을 찾아 적재적소에 활용하며

생기있게 살아 움직일 줄 아는 사람들이 존재하기 때문입니다.

조금만 더

조금만 더
용기있게 힘을 냅시다.

성공한 사람과 그렇지 않은 사람의 차이는
종이 한 장 차이일 뿐이라고 합니다.

조금만 더
노력해서 고비를 넘겨 냅시다.

성공한 사람과 그렇지 않은 사람의 차이는
마음 먹기의 차이일 뿐이라고 합니다.

조금만 더
초심으로 돌아가서 견디고 견뎌 냅시다.

성공한 사람과 그렇지 않은 사람의 차이는

태산보다 높이 올라가야 한다거나
바다보다 넓은 곳으로 멀리 가야 하는 것이 아니라고 합니다.
현재의 고비를 넘어서서 끝까지 버티고 견뎌내느냐
현재에 멈춰 서서
겁쟁이로 남느냐 하는 차이일 뿐이라고 합니다.

문제는 고비를 넘기지 못하면
다음 번에 좋은 기회가 찾아와도 해낼 엄두를 내지 못한채
지레 주눅이 들어 우왕좌왕한다는 것입니다.

조금만 더 용기 있게 힘을 내세요.
조금만 더 노력해서 고비를 넘겨 내세요.
조금만 더 초심으로 돌아가서 견디고 견뎌 내세요.

조금만 더….
절대 불가능한 것이 아닙니다.
한 번만 해내면 열 번이고 백 번이고
해낼 수 있습니다.
그래서 부러워만 했던 성공한 사람들과
같은 반열에 당당하게 올라서서
성공한 사람이 되는 것입니다.

메타인지

야구는 9회말 2아웃부터라고 말합니다.
극적인 승리를 기대하는 심리 때문만은 아닐 것입니다.
수많은 경기를 경험한 결과, 지고 있는 게임임에도 불구하고
역전 만루 홈런을 봐왔기 때문입니다.
그래서 8회 말이 끝났는데도 불구하고
좀처럼 야구장을 떠나지 못하는 것입니다.
여기에 야구 게임룰과 선수들의 성적까지 알고 있다면
기대감이 더 클 것이고 결과에 신날 것입니다.

영화나 드라마도 마찬가지라는 생각이 듭니다.
감독이 누구냐에 따라서 색깔이 있고
작가가 누구냐에 따라서 전달되는 메시지가 다르다는 것입니다.
그래서 미리 알고 들어가면 훨씬 이해도가 높다는 것이지요.
'어쩐지, 영화에서 풀어내는 방식이 닮았더라.'
'맞아, 전작 드라마에서도 그랬잖아. 반전이 분명히 있을 거야.'
보고난 뒤 해석하고 풀어내는 방식들도 다양할 것입니다.

인지심리학에서 '메타인지'라는 말이 있습니다.
'인지함을 인지하는 것' 또는 '알고 있음을 아는 것'
다시 말해 알고 있는 것과 모르는 것을 구분할 줄
아는 것을 메타인지라고 합니다.
알고 즐기는 것과
아는 줄 착각하고 즐기는 것은 다르다는 것입니다.

알아야 참인지 거짓인지를 알게 되고
참을 알아야 진실을 볼 수 있게 되고, 진실을 알아야
사랑하게 되고, 사랑을 알아야 행복을 만들 수 있습니다.

배우고 익혀서 삶의 메타인지력을 갖춘다면
인생을 살아가면서 단단한 역경의 벽을 지혜롭게 넘을 수 있고
어려운 문제도 해결할 수 있습니다.

안목의 힘

기회가 찾아오지 않아 걱정이라고요?
그렇다면 기회가 찾아올 수 있도록
필요한 정보와 자료들을 세상 사람들에게 널리 알려 보세요.

손님이 오지 않아 썰렁하다고요?
그렇다며 손님이 올 수 있도록 트렌드에 맞게 매장을 꾸미고
적극적으로 매장 홍보를 해보세요.

지인으로부터 연락이 오지 않아 불안하다고요?
그렇다면 지인으로부터 연락이 올 수 있도록
필요로 하는 것을 미리 찾아내어 손에 꼭 쥐고 있어 보세요.

손쉬운 것부터 준비해 보세요.

명함을 건네는 이유는
받은 사람으로부터 연락을 받기 위해서입니다.

SNS가 존재하는 이유는
정보를 공유하거나 교환하기 위해서입니다.

끊임없이 배우고 익혀야 하는 이유는
지인이 가지고 있는 능력을 최대한 발휘할 수 있도록 도와주는
코칭바람에 탑승하기 위해서입니다.

다급해서 허둥대지 말고 미리 준비해 보세요.
부정적인 생각과 남 탓만을 하지 말고
긍정적인 생각과 개방적인 행동으로 도전해 보세요.

건강을 챙기는 웰빙 바람 이후 발길을 뚝 끊었던 지인,
마음을 돌보는 힐링 바람 이후 이름도 가물가물한 친구,
학교 졸업 이후 얼굴도 기억나지 않은 선후배까지
전화를 걸어오는 것은 물론
직접 찾아오는
사람들로
하루종일 주변이
문전성시를
이루게 될 것입니다.

작은 용기

음악을 만들고
그림을 그리며 컴퓨터를 배웁니다.
그러다 보면 알지 못했던 세계를 하나둘 알아가게 되고
아는 만큼 보이고 보이는 만큼 느끼며
느끼는 만큼 삶의 깊이를 더해가게 됩니다.

처음부터 그러는 것은 아닙니다.
처음에는 혹시나 하는 생각에 도전을 하게 되거나
회사 업무 때문에 어쩔 수 없이 배워야 하는 경우도 있습니다.

시작은 그렇게 합니다.
하다 보니 알지 못했던 재능을 발견하게 되거나
생각지도 못한 흥미를 느끼게 되면서부터
예상 밖 경로를 찾아 나서게 된다는 것입니다.
이런 경우 흥미도 있고 적성에도 맞는 경우가 많습니다.
더욱이 즐겁기까지 하니 이보다 더 행복할 수는 없는 것이지요.

"어떻게 이 길로 들어서게 되었나요?"
"어떤 계기로 이 분야에 뿌리를 내리게 되었나요?"

엉뚱하게도 들려오는 대답은
생각지도 않았는데 우연한 기회가 찾아왔다는 것입니다.

혹시 취미가 없다거나 무기력하다고 생각된다면
주변에서 하고 있거나 관여하고 있는 일들을 확장해서
용기를 내어 시작해보면 어떨까요?

작은 용기를 내어 도전하다 보면
즐거움도 찾게 되고 활력을 얻는 것은 물론
자신의 행복 바이러스가
자연스럽게 주변으로 전염되어
세상이 더불어 행복해질 테니 말입니다.

대붕의 꿈

"참새가 대붕의 깊은 뜻을 어찌 알겠는가?"

장자(莊子)에 보면
대붕과 참새의 이야기가 나옵니다.
대붕은 힘차게 날갯짓을 하며 구만리 상공으로 날아올라
먹이를 구하는 상상의 새입니다.
이에 반해서 참새는
좁은 숲 속을 깔짝깔짝 돌아다니면서
겨우 먹이만 구해서 먹고는 멀리 나는 대붕을 비웃고 있지요.
이를 두고 장자는
좁은 숲 속에서 먹을 것을 찾고 몇 길 정도 날아오르는 참새가
구만리 상공을 날아오르는 대붕의 깊은 뜻을
어찌 알겠느냐면서 꾸짖은 것이랍니다.

얼핏 보면 대붕보다는 참새가 더 여유 있고 편해 보일 것입니다.
힘들게 구만리까지 날아오를 필요도 없고

배가 고프면 옆에 있는 것을 찾아서 먹으면 되고
자고 싶으면 자고, 놀고 싶으면 놀면 되니 말입니다.
그렇게 우물 안 개구리처럼 평생을 살아갈 수만 있다면
하고 싶지 않은 일을 배우려고 애쓰거나
보고 싶지 않은 문밖 세상을 경험하지 않아도 괜찮습니다.

문제는 자신이 현재 머물고 있는 곳이
세상 전부인 줄 알고 살아가다가 밀물처럼 밀려들어 오는
새로운 변화에 맞서야 하는 일이 생길 때입니다.
대붕은 먹이를 구하기 위해 수 없이 상공을 날아올랐기에
다양한 경험을 했고, 그로 인해 지혜가 쌓였으니
어떤 역경이 닥쳐온다 하더라도
경험을 바탕으로 지혜를 발휘할 수 있는 폭이 넓지만
참새는 익숙한 방식대로 삶을 살다보니

밀물이 밀려와도 지혜를 짜낼 능력도 없을뿐더러
썰물이 빠져나갈 때 대항도 못하고 휩쓸려갑니다.

우리는 백세인생을 살아가고 있습니다.
무슨 일이 벌어질지 어떤 변화와 마주할지 모릅니다.
다만 평생직장은 옛말이 된 지 오래이고
샐러던트(Saladent)라는 말이 있을 정도로 변화에 맞춰서
끊임없이 도전하고 창조적 아이디어를 발휘하여 적재적소에
활용하는 지혜가 무엇보다 절실할 때인 것은 분명합니다.

지금부터는 품안에 있을 때만 자식이라는 말이 있듯이
자라서는 제 뜻대로 행동하려고 하는 것은 물론
평생 품에 끼고 살아갈 수도 없는 것이 현실이기에
언젠가는 세찬 바람이나 강력한 태풍도 두려워하지 않고
현실을 박차고 날아올라 큰 뜻을 이루는
대붕으로 성장할 수 있도록 서둘러야 한다는 것입니다.
물론 경험 과정에서는 힘들고 고달프겠지만
외풍보다 더 힘들다는 내풍도 무사히 이겨낼 수 있는
내공이 쌓일 수 있도록 아이 스스로 중심이 되어
미래를 설계하고 개척해 나갈 수 있도록
부모가 먼저 나서서 다양한 경험을 지원해 주면 좋겠습니다.

내 일(my job)

내 일이
놀이였으면 하고
내 일이
즐거움이었으면 하고
내 일이 몰입이었으면 합니다.

내 일이
적성과 흥미에 맞았으면 하고
내 일이
가치 있는 역할이었으면 하고
내 일이 자아실현이었으면 합니다.

그래서 좋아하는 일을
하면서 놀고
놀면서 열심히 하는 것이
내 일이었으면 합니다.

시종(始終)의 나날

아쉬운 졸업은 끝인 동시에 시작이고
설레는 입학은 시작인 동시에 끝임을 암시하고 있습니다.
그럼에도 불구하고 졸업은 아쉬운 마음을 담아 말하고
입학은 설레는 마음을 담아 더 반기며
먼 훗날에는 반드시 아름다울 것이라고만 생각을 합니다.

"언제 좋아질까요?"
"앞으로는 좋은 집에서 살고, 근사한 차도 가질 수 있겠지요?"
이런 질문만 합니다.
"언제쯤 회사가 문을 닫을까요?"
"인생의 고비는 언제쯤 와서 어떻게 대비를 해야 할까요?"
이런 질문들은 절대 하지 않습니다.
늘 마음 안에서도 행복과 기쁜 일들만 기다리니까 말입니다.
그런데 살다보면 좋은 날보다는 견디고 견뎌내야 하는 날들이
부지기수라는 것을 알게 될 것입니다.
그럼에도 불구하고 아이들과 마주하게 되면

"집구석이 이게 뭐니? 언제쯤 철들래?"
"학원은 왜 그만뒀어? 도대체 뭐하려고…." 하면서
아이 생각은 듣지도 않고 화부터 냅니다.
"기발한 발명품을 만들려고 방안을 어지럽혔구나."
"피아노 학원보다는 작곡에 소질이 있구나." 하면서
아이의 눈높이에서 말을 하려고는 하지 않습니다.

인생의 끝에 가서도
시작은 설레기만 하고 졸업이나 끝은 아쉽기만 할까요?
절대 그렇지 않습니다.
옆집 아이가 배운다고
내 아이도 꼭 배워야 한다고 강요하지 마세요.
생소하고 엉뚱하더라도 아이가 좋아하는 것을
찾아 배울 수 있도록 방법을 알려주고 도와주세요.

시종의 나날들 또한 시작이면 좋을까요?
아니면 끝이면 좋을까요?

레시피같은 지혜들

"어머니, 애들은 그렇게 키우면 안돼요."
"무슨 소리야. 말도 안 돼. 책에서 봤는데, 방법이 달라."
"레시피 알고 있으니깐 걱정하지 마."

정말 걱정하지 않아도
음식을 맛있게 먹을 수 있을까요?
감히 예상하건대
조리하는 내내 긴장을 해야 하는 경우가 더 많을 것입니다.
왜냐하면 레시피는 말 그대로
글로 쓰였거나 영상매체로 만들어서 보이는 것일뿐
실제 해본 것은 아니기 때문입니다.
그래서 실제로 요리를 해보게 되면
'잘 안되네. 분명 이 맛이 아니었는데, 왜 그렇지?' 하면서
낙담한 표정을 지을 것입니다.

우리네 삶도 그렇습니다.

지식은 나와 환경도 다르고 문화도 다르며
생활관습도 다른 타인이 경험한 것을 글로 남긴 것입니다.
그럼에도 불구하고 유명한 대학교수가 쓴 거라거나
외국에서 구해온 자료라면서 금과옥조처럼
소중히 여기고 반드시 지켜야 할 법인 것처럼 생각하고는
그대로 음식이나 건강식을 해먹었다가
병원신세를 지는 경우를 종종 목격하게 됩니다.

이뿐만이 아닙니다.
앵무새 같은 지식과 정보들은 나에게 오기도 전에
이미 생을 마감했거나
곧 다른 지식과 정보들에 떠밀려서 떠나야 하는데도 불구하고
대학교수가 집필하고 외국에서 들어왔다는 이유만으로
전문적이고 훌륭하다고 믿고 반복 사용하다가 얇은 지식이

들통나서 대인관계가 깨지고 망신을 당한다는 것입니다.
그래서 먼저 경험하고 지혜를 얻은 선인들은
스스로 경험한 것을 가지고 이야기를 하고 코칭을 해야
레시피같은 지혜들에서 빠져 나올 수 있다고 했습니다.

"어머님, 아이가 곤충에 관심을 보여요. 아빠도 그랬나요?"
"난 다른 결과를 얻었는데, 그 방법도 괜찮을 것 같아."
"라면요리가 정말 맛있었어. 네 입맛에도 맞는지 먹어볼래?"

물론 지식이 나쁘다는 것은 절대 아닙니다.
지식이 축적되어야 지혜의 깊이도 깊을 수 있으니까요.
문제는 지식에 너무 의존한 나머지 곧이곧대로 믿고
가족과 친구와 동료들에게 강요하기도 하고
반대 의견을 내면 무시하기도 하다보니
당연히 깊이 있는 이야기로 풀어내지 못하고 중간에 막히고
의견 충돌을 가져와 갈등하게 된다는 것입니다.
그러므로 앞으로는 내가 경험한 것, 내가 체험한 것을 가지고
기존의 지식과 맞춰 보완해 나가야
진정성도 드러날 뿐만 아니라
가족과 친구와 동료들도 수긍하고 설득할 수 있으며
그 결과 실력도 인정받고 신뢰도 쌓을 수 있습니다.

몸

몸은

육체와 정신이 동거 중입니다.

하나가 삐걱하면

다른 하나도 당연히 불완전해집니다.

그래서 몸은 서로를 탓하며

짜증내고 불편해 할 때가 아니라

서로 양보하고 협조하는 순간에만 건강하고 행복하며

육체와 정신이

조화로운 동거를 하게 되는 것입니다.

내 목소리가 들려

목소리는 발음기관에서 발생되어 나오는
사람의 음성언어, 말소리를 말합니다.
혹시 자신의 목소리를 들어봤나요?
알고는 있나요?
입을 벌려 마주하는 순간 목소리만으로
사람을 구별하기도 하고 나이를 감지하기도 하며
지문처럼 그 사람을 대변하기도 하는데 말입니다.

목소리는 내 마음의 생각입니다.
사람들과 만나 대화를 하거나
수 많은 청중들 앞에서 강의나 강연을 할 때에도
자세나 태도만큼 중요한 것이 바로 목소리입니다.
그만큼 중요함에도 불구하고
별다른 신경을 쓰지 않는 것 또한 사실입니다.
억양과 톤과 속도만을 가지고
성격과 성향을 분석해 낼 수 있는데도 말입니다.

목소리는 내 마음의 성품입니다.

긴장되고 떨리는 면접장소에서 면접관을 만나 면접을 보거나

어마어마한 프로젝트에 도전해서 계약을 체결하는 자리에서

민낯으로 공개되는 것이 바로 목소리입니다.

그만큼 숨길 수 없음에도 불구하고

목소리를 등한시하는 경우가 종종 있는 것 또한 사실입니다.

억양과 톤과 속도만을 가지고

합격이 되고 계약이 체결될 수 있는데도 말입니다.

목소리는 생각이고 성품입니다.

다정한 목소리인지 귀에 익은 목소리인지 나지막한 목소리인지

두루뭉실한 목소리인지 또렷또렷한 목소리인지

자신의 목소리를 들어보고

아이에게는 희망을 주는 목소리로

친구에게는 즐거움을 주는 목소리로

가족에게는 사랑과 함박웃음을

주는 목소리로

현실에 맞게, 사람들에게 맞게

고치고 가다듬어서

호감을 갖는

좋은 목소리로 만들어야 합니다.

면역력

"다리가 왜 그래?"
"어디 다쳤어? 병원에는 가 봤어?"
방학을 맞이해서
집으로 돌아온 아들에게 온 가족이 난리법석이었습니다.
학교 기숙사에서 생활하다가
균에 감염이 되어 돌아온 것이었습니다.
감기처럼 일주일이 지나면 낫는 병도 아니었고
한 달 넘게 치료를 받아야 하는 중한 것이었지요.
당연히 학교에 이유를 물어볼 수밖에 없었습니다.

문제는 다들 괜찮은데
내 아들만 균에 감염이 되었다는 것이었습니다.
걱정도 되고 어이도 없고 해서
병원에 가서 알아보니 원인은 더 기가 막혔습니다.
너무 자주 씻다보니
균에 대한 면역력이 없어서라는 것이었습니다.

당황하지 않을 수 없었습니다.

집안은 먼지가 쌓이지 못하도록 쓸고 닦아야 하고

밖에 나갔다 들어오면 손과 발을 깨끗하게 씻어야 하며

식사 후에도 청결을 유지해야 하는 것이 철칙인데 말입니다.

재레드 다이아몬드 교수의 『총균쇠』라는 책이 떠올랐습니다.

책을 읽다 보면 총과 칼을 들고 싸우는 전쟁보다

더 무서운 것이 세균전이라는 것을 알게 됩니다.

유럽 국가에서 아메리카 대륙을 발견한 이후

아메리카 대륙에 살고 있던 원주민들이 대부분 사라진 이유가

면역력이 약한 원주민들에게 천연두 균에

오염된 담요를 건네줌으로써

균에 노출되어 생명을 잃게 했다는 것이지요.

이에 반해서 유럽은 인류 역사상 최악의 질병으로 불리는

흑사병 이후 면역력이 강한 사람들만 살아남았고
가축들의 종류도 많고 다량으로 키우다 보니
균에 대한 면역력이 자연스럽게 생겨났다고 합니다.

단언컨대 위생은 철저하게 해야 합니다.
그렇다고 면역력을 무시할 수도 없습니다.
문제는 익숙하게 머무는 곳을 벗어나
산 설고 물 설고 낯선 땅에서 생활을 하게 되는 경우입니다.
수학 여행을 떠날 수도 있고 기숙사에서 생활할 수도 있으며
군대에 입대하거나 장기 프로젝트에 참여할 경우에
알 수 없는 생소한 균들과 만나게 되면
타인들보다 더 감염될 확률이 높다고 합니다.

지금부터라도 외부 병원균에 저항하는 힘을 높이기 위해서
규칙적인 운동을 하고, 충분한 수면을 취하고
면역력을 강하게 만드는 음식을 먹는 것은 물론
흙과 함께 뒹굴기도 하고, 숲속 체험장에서 검불도 묻어오고
실험 기구들이 방안 가득 널려 있더라도
마음을 평온하게 유지했으면 합니다.
위생만 신경 쓰다가
생각지도 못한 아픔을 겪지 않기 위해서 말입니다.

엄부자모 자부엄모

"할아버지의 재력, 엄마의 정보력, 그리고 아빠는 무관심….."
학부모들 사이에서 떠돌던 말입니다.
그리고 한동안은 아빠의 무관심이 통했습니다.
아빠는 아이들 공부에 관여하지 말고 돈만 벌어오면
된다는 푸념도 깔려 있었지요.

그렇다면 예전에는 어땠을까요?
옛말에 엄부자모(嚴父慈母)라는 말이 있습니다.
엄한 아버지와 자애로운 어머니라는 뜻으로
전통적인 우리의 가족제도였습니다.

그랬던 것이 엄마의 영향력이 커지면서

자부엄모(慈父嚴母)라고 부르게 되었습니다.

한동안 엄마의 역할이 강화되었던 것은 사실입니다.

그런데 요즘 들어 또다시 바뀌어 가고 있다는 생각이 듭니다.

'아빠 어디가', '슈퍼맨이 돌아왔다',

'오! 마이베이비'라는 방송 프로그램의 역할과

먹방이나 집방이 뜨면서

아빠가 비어있던 자리로 돌아온 것입니다.

그리고 엄부자모(嚴父慈母)와 자부엄모(慈父嚴母)가 합쳐져서

가화만사성을 이룬다는 것을 알게 되었던 것이지요.

왜냐하면 아이는 태어나면서부터

먼저 길을 나선 부모를 스승으로 알고 배우기 때문입니다.

이제부터 중요한 것은 부모의 역할입니다.

아빠만 집에 앉아 있다고해서

아이가 올바르게 자랄 수 있는 것도 아니고

엄마만 정보를 수집한다고 해서

아이가 성공할 수 있는 것도 아니라는 것이지요.

엄마와 아빠가 두 손을 마주잡고 머리를 맞대어서

아이가 홀로 일어설 수 있도록 솔선수범해야 한다는 것입니다.

일상생활에 있어서는 간섭이 아닌 관심을 갖되

아이가 할 수 있는 일은 아이가 할 수 있도록 기회를 주고

아이가 더디게 걸어가더라도 부모는 서너 걸음 떨어져

뒤에서 지켜봐 주며 경계선을 분명히 해야 한다는 것이지요.

힘들어 하거나 어려움이 닥쳤을 때는

부모의 눈높이가 아닌 아이와 동등한 입장에서

기댈 언덕이 되어 주세요.

그러면 스스로 어려움을 헤쳐나가며

또 하나의 지혜를 얻게 됩니다.

이렇듯 엄마와 아빠가 두 손을 마주잡고 머리를 맞대어

아이가 홀로 일어설 수 있도록

지켜봐 주고 손잡아 준다는 것은

지혜롭고 현명한 아이로 성장시킬 뿐만 아니라

성인이 되어서도

누군가에게 기대어

성장하려고 하지 않고

누군가가

기대도 되는 사람으로

성장하게

되는 것입니다.

맥락관통

옆 동네에 살던 지인으로부터
언덕 위에 지은 예쁜 집으로 이사를 갔다는 연락이 왔습니다.
부럽습니다.
그렇지만 꼭 살고 싶은 집은 아닙니다.
사회에서 만난 지인으로부터
높은 관직으로 발령을 받아 승진했다는 연락이 왔습니다.
부럽습니다.
그렇지만 꼭 오르고 싶은 자리는 아닙니다.

맥락을 관통하고 있다고 볼 수 없기 때문입니다.
더욱이 상대방이 궁금해서 물어본 것이 아니라
자랑하거나 주목받고 싶어서
먼저 전화를 걸어 알리거나 SNS를 통해서
지인들에게 알려질 수 있도록 했다는 것입니다.

해외여행을 떠나신다고요?

이웃나라에 지진이 일어나서 가만히 앉아 있을 수가 없었어요.

먼 우주에서 바라보면 작은 지구촌이거든요.

이번 선거에 불출마를 선언하셨다고요?

미래의 주인공들을 보면서

가만히 자리만 지키고 있을 수가 없었어요.

오랜 역사에서 들여다보면 떠날 때가 되었거든요.

오랜만에 반가운 소식입니다.

맥락을 정확히 관통하고 있다고 볼 수 있기 때문이지요.

더욱이 스스로 자랑하거나 주목받고 싶어서 소문낸 것이 아닌

상대방에서 먼저 알고 연락을 했다는 것입니다.

맥락을 관통한 삶은

모양새는 다르지만 추구하려는 삶의 본질은 유사하기에

같은 시대를 살아가는 사람들의 공감을 사게 되고

세상을 이롭게 하는 삶을 살고자 하는

사람들에게 뚜렷한 영향력을

줄 수 밖에 없습니다.

이번 기회에 삶의 흔적이

이롭고 정의로운 길로 통할 수 있도록

맥락관통해 보세요.

사람다운 사람

논어 자로편에 보면
군자 화이부동 소인 동이불화(君子 和而不同 小人 同而不和)
라는 말이 있습니다.
'군자는 서로의 생각을 조절하여
화합을 이루기는 하지만
이익을 얻기 위하여 상대방에게 자신을 버리면서까지
행동하지는 않으며
소인은 이익을 얻기 위하여
상대방에게 자신을 버리면서까지 행동하지만
서로의 생각을 조절하여
화합을 이루지는 못한다.' 는 말입니다.

우리는 흔히 데면데면하면서 살아가는 사람들을 두고
무뚝뚝하고 인정머리 없다고 말합니다.
그리고는 전화 한 통화로 뭉치고 약속 장소에
꼬박꼬박 나오는 사람들을 일러 우정이 있다고 말합니다.

충분히 가능한 일입니다.

문제는 사건이 발생하고부터 벌어지는 일들입니다.

예를 들어 집안이 어렵게 된다거나

몸이 아파 병원에 입원하게 될 때입니다.

처음에는 위로를 하러 사람들이 몰려 듭니다.

그러다보니 내가 삶을 헛 산 것은 아니라면서 뿌듯해합니다.

그다음에는 뜨문뜨문 찾아오기도 합니다.

이때까지는 절대 서운하거나 섭섭해 하지 않습니다.

정신적 문제와 맞닿을 때는 시간이 한참 지난 뒤입니다.

사건에 충격을 받고 부인하고 분노하면서 겨우 타협을 하고보니

혼자 남겨져 있다는 것을 알게 되고

당연히 우울증이 찾아와서 모든 사건을 수용할 때까지

가장 힘든 시간을 보내게 된다는 것이지요.

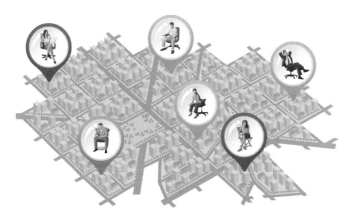

또 다른 금전적 문제가 발생했다는 소문을 듣게되면
지레 겁부터 먹고는 피해가 오지 않을까
연락해도 전화를 받지 않고 발길을 뚝 끊어버린다는 것입니다.
그러다보니 어려움을 겪은 사람들은 말합니다.
힘든 일을 겪고 나니 주변이 정리되었다고 말입니다.

공자는 화이부동 해야 한다고 했습니다.
평상시 데면데면하다고 탓할 것이 아니라
정말 힘들고 고민으로 가득할 때 손을 잡아주는 사람
정말 밑바닥에서 허덕이고 있을 때
기대거나 비빌 언덕이 되어 주는 사람
외로워 고립되어 있을 때
소통하고 화합할 수 있도록 다가와 주는 사람이
사람다운 사람이라는 것이지요.

데면데면하고 무뚝뚝하다면서
인정머리 없다고 나무라지는 말았으면 합니다.
아무리 멀리 떨어져 지내고
몇 년에 한 번 만나더라도 방금 전 만난 것처럼
반갑게 다가와 거친 손을 꼭 잡아주는
사람다운 사람, 진짜 숨은 진주가 아닐까요?

함께 가자

함께 성장을 해야 합니다.
대기업과 중소기업이 동반 성장하는 것만큼
몸과 마음도 함께 성장을 해야 합니다.

함께 협력을 해야 합니다.
오행이 순환하고 협력하는 것만큼
일과 가정이 함께 협력을 해야 합니다.

사람들이 살아가는 사회에서는
어른과 아이, 도시와 시골을 구분짓지 말고
성장과 협력이
다함께 이뤄져야 합니다.
그래야만 가정이 화목해지고
사회가 함께 건강해지는 것만큼
아이들의 웃음소리로 골목길은 살아나고
국민은 더할 나위 없이 행복해지니까 말입니다.

준비하는 자세

"무엇을 할 생각인가요?"

"이 나이에 취직한다는 것은 어렵고 창업을 해 볼 생각입니다."

"아!, 그럼 구체적인 사업계획안이 있는 거군요?"

"뭐, 그렇다기 보다는 사업자금도 그렇고 장사나 하려고요."

대부분의 사람들은 장사나 하려고 한다고 말합니다.

물론 좋습니다.

장사도 어려운 것이니까요.

문제는 창업에 대한 준비도 없고 상권분석도 하지 않고

3개월 혹은 6개월 안에 개업을 한다는 것이지요.

주역에 보면 여설복(輿說輻)이라는 말이 있습니다.

아무리 훌륭한 명마일지라도

날마다 수레의 바퀴를 굴리는 연습을 해야 한다는 것이고

자기가 하는 일에는 누구도 따를 수 없는

이론적인 체계를 정립해야 한다는 것입니다.

그러기 위해서는 적어도
3년 정도는 시간을 갖고 준비를 해야 한다고 봅니다.

그렇다면 왜 3년일까요?
10년동안 기량을 갈고 닦으면 더욱 좋겠지만
강산이 변할 수 있어 위험합니다.
번갯불에 콩구워 먹듯이 서두르다 보면
주객이 전도되어 배가 산으로 갈 수 있어 허탈합니다.
즉, 3년 정도 준비를 하고 창업할 경우에는
시류에서 벗어나지 않고
자신만의 노하우도 가질 수 있는 것은 물론
뒤쫓아 오는 사람들이 이론적으로도 정립이 되지 않아
섣불리 도전을 하지 않는다는 것입니다.

창업을 생각하거나 준비 중이라면
수레바퀴를 굴리는 연습을 얼마만큼 하고 있는지
생각해 보면 좋을 듯합니다.
그리고 정말 눈을 감고도 수레바퀴를 굴릴 수 있다면
그 일을 시작해도 좋습니다.

인생의 지혜

"효도란 어떻게 실천하는 것입니까?"
제자들의 질문에 공자는
그때 그때마다 다른 대답을 내놓았습니다.
옆에서 공자의 말씀을 적고 있던 제자가 질문을 했습니다.
"효도의 방법이 왜 서로 다른 것입니까?"
그러자 공자께서는 제자들이 처한 환경과
실천할 수 있는 방법이 다르기 때문이라고 답했습니다.

이렇듯 효도의 방법이 똑같을 수는 없습니다.
누군가는 부모를 모시고 사는 것이 효도일 수 있고
누군가는 부모와 떨어져 지내는 것이
더 현명한 효도일 수 있다는 것입니다.

우리네 삶도 마찬가지입니다.
누군가는 사람들을 불러 모으는 행동이 더 적합할 수 있고
누군가는 호젓하게 즐기는 것이 더 지혜로울 수 있으며

누군가는 월급을 받는 직업이 더 어울릴 수 있고
누군가는 사업가로서 일찍 길을 가는 것이
더 적성에 맞고 합당할 수 있습니다.
그럼에도 불구하고 적거나 암기했던 것을 가지고
때와 장소에 구분하지 않고 똑같이 적용하려고 들다보니
네 말은 틀리고 내 말은 맞다면서
말썽이 생기고 싸움이 일어나게 되는 것이지요.
당연히 지혜롭지 못하다 할 것입니다.

다양한 사람들이 살아가는 세상은
다른듯 하지만 같고 같은듯 하지만 달라야 합니다.
그래서 다름을 인정하되 같은 곳을 바라보고
말을 건네고 다가간다면
인생길은 어디하나 허튼데 없이 지혜롭다 할 것입니다.

초록담쟁이

글 | 이경주
펴낸이 | 이경주
펴낸곳 | 와이즈브레인
디렉터 | 양진선
표지 & 편집디자인 | 이소영
주소 | 서울특별시 금천구 가마산로96 대륭테크노타운 8차 1302호
　　　와이즈브레인 : www.wiseQ.co.kr / www.CamMaths.co.kr
　　　한국좌우뇌교육계발연구소 : www.BGA.or.kr

초판 발행 | 2016년 10월 12일

전화 | 02-869-0026
팩스 | 02-869-0951

정가 | 10,000원

인생에서 가장 아름다운 따뜻

초록
담쟁이

인생에서 가장 아름다운 그림일

초록
담쟁이